스위스 종교개혁
쯔빙글리, 베르밀리, 불링거

The Swiss Reformation:
Ulrich Zwingli, Pietro Martyr Vermigli, Heinrich Bullinger
by Prof., Emidio Compi Th.D.

Copyright ⓒ Hapdong Theological Seminary Press
Kwangkyojoongang-ro 50, Yeongtong-gu, Suwon, Korea
All rights reserved

스위스 종교개혁 – 쯔빙글리, 베르밀리, 불링거

초판 1쇄 발행 | 2016년 11월 15일

저　자 | 에미디오 캄피(Emidio Campi)
역　자 | 김병훈, 박상봉, 안상혁, 이남규, 이승구 共譯
발행인 | 조병수
펴낸곳 | 합신대학원출판부
주　소 | 16517 경기도 수원시 영통구 광교중앙로 50 (원천동)
전　화 | (031) 217-0629
팩　스 | (031) 212-6204
홈페이지 | www.hapdong.ac.kr
출판등록번호 | 제22-1-1호
인쇄처 | 예원프린팅 (031) 957-6551
총　판 | (주)기독교출판유통(031) 906-9191
값 9,000원

　　　　종교 개혁[宗敎改革]
　　　　종교사[宗敎史]
　　　　236.904-KDC6
　　　　270.6-DDC23

ISBN　978-89-97244-34-8　93230 : ₩9,000
*잘못된 책은 교환해드립니다

　도서의 국립중앙도서관 출판예정도서목록(CIP)은 서지정보유통지원시스템
홈페이지(http://seoji.nl.go.kr)와 국가자료공동목록시스템(http://www.nl.go.kr/kolisnet)에서
이용하실 수 있습니다.(CIP제어번호: CIP2016026492)

저작권법에 의하여 한국 내에서 보호를 받는 저작물이므로 저작권자와 출판사의 허락없이
내용의 일부를 복제하여 배포하는 행위를 금합니다.

스위스 종교개혁
쯔빙글리, 베르밀리, 불링거

에미디오 캄피 지음

합신대학원출판부

저자 서문

이 책에 수록된 강의들은 종교개혁 500주년을 기념하는 해외석학 초청 특별강좌의 일환으로 2015년 11월에 합동신학대학원대학교에서 행하여진 것들이다. 이 귀한 강좌에 초대를 받은 것은 매우 커다란 명예이며, 또한 일곱 강좌들 가운데 두 강좌는 동문회에서 주최하는 <정암 신학강좌>와 연계하여 이루어진 것이며, 이러한 기회를 누리게 된 것은 실로 대단한 특권이었다. 이 강좌는 합동신학대학원대학교의 설립자인 박윤선 박사의 호를 따라 명명된 강좌이며, 개혁파 종교개혁의 역사와 특별히 개혁신학에 대한 관심을 발전시키고, 교회의 목사들과 지도자들에게 도움이 될 자료들을 제공하는 것을 목표로 하고 있다. 이러한 이유로 이 강좌는 신학교 학생들과 목사들로 이루어진 청중들에게 제공되어 왔다.

이러한 배경에 따라서, 강의의 내용은 특정한 주제들이나 사건들을 소개하는 부분들과 이를 해설하는 부분, 그리고 분석하는 부분들로 이루어졌다. 합신의 교수들과 협의한 끝에, 강의 주제는 "하인리히 불링거, 피터 베르밀리, 그리고 취리히 종교개혁의 연대"로 하였다. 이유는 두 가지였다. 첫째, 그동안의 연구가, 전통적으로 쯔빙글리에게 초점을 두어 왔으며, 그리고 취리히 종교개혁 역사에 있어 결정적 단계였던 1523년과 1531년 사이의 기간에 초점을 두어 왔던 관계로, 이 두 종교개혁자들은 여전히 잘 알려지지 않고 있다는 이유이다.

쯔빙글리가 시도한 많은 초기 개혁들이 1531년과 1575년 사이에 제도적으로 기능을 하는 성숙한 단계로 들어갔다. 동시에 종교개혁의 활동이 공고해지고 실체적인 형태를 갖게 되는 몇 가지 중요한 일들이 나타났었다. 종교개혁의 첫 번째 단계의 토대적인 의의를 조금도 과소평가하지 않으면서도, 이러한 발전적인 사실에 대한 기분 좋은 설명을 전개할 필요가 있다. 취리히 종교개혁의 이러한 두 번째 단계에 대한 관심이 돋우어지고 새롭게 되며, 또한 새로운 조망들이 개진되기를 바란다.

강좌의 주제를 선택한 또 다른 중요한 이유가 있다. 그것은 <정암신학 강좌>의 관심이 종교개혁신학이 "오늘날의 목회에 있어서의 필요와 관심사항들"에 대해 주는 교훈들에 있다는 점이다. 이번에 발표한 강좌들의 내용도 이 기준들을 잘 만족시키기 위한 것이었다. 주의깊은 독자들은 이 강좌들이 취리히 종교개혁의 연대에 관한 역사적인 정보들을 담고 있을 뿐만 아니라, "교회에 관한 질문들" 곧 예배, 목회, 영적 생활, 그리고 윤리 등에 관한 문제들을 다고 있음을 알 수가 있을 것이다. 이 모든 것들과 더 많은 것들에 대한 대답들은 우리에게 실로 긴급한 관련성을 가지고 있는 것들이므로, 나는 이 강좌들로 인하여 오늘날의 신학자들이 종교개혁자들과 진지한 대화를 계속적으로 이어가고자 하는 관심을 더욱 많이 갖게 되고 새롭게 하기를 바란다. 이러한 복된 흐름이 오래도록 계속되기를 바라는 바이다.

"불링거 시대"와 "스위스 종교개혁의 신학적 초상"을 강의한 두 내용들은 E. J. Brill 출판사의 『스위스 종교개혁에 대한 안내서』 (Leiden: Brill, 2016)에 조금 다른 형태로 저술되었고 출판이 된 자료들을 포함하고 있다(한국판의 제목은 『스위스 종교개혁: 쯔빙글리, 베르밀리, 불링거』로 정하였다). 이러한 자료들을 다시 사용할 수 있도록 허락을 하여 준 것에 대한 감사를 드린다. 초대를 받은 강사로서의 지위는 마치 대사의 지위와 다소 흡사하다. 나의 경우는 스위스 개혁교회들의 대사이며 또한 취리히 대학의 대사인 셈이다. 내가 초대를 받은 일과 또한 방문 중에 받았던 풍성한 환대는 결코 개인적인 나의 능력들 때문이 아니며, 오히려 이것들은 실로 우리 교회들 사이의 견고한 친교와 우정의 상징이며, 또한 교육기관들 사이의 협력적 관계의 표현임을 나는 현명하게 잘 인식하고 있다.

나를 따뜻하게 맞아 준 많은 고마운 동료들과 친구들에게 감사를 드리며, 그 가운데, 합동신학대학원대학교 총장이신 조병수 교수, 개혁신학사상연구소(IRTS) 소장이신 김병훈 교수, 그리고 동문회장이신 이문식 목사에게 특별히 감사를 표한다. 이 분들은 이번 강좌에 초대를 받아오도록 많은 격려를 주셨으며, 정중한 환대로 맞아 주셨다. 또한 한국에 머무는 동안 이전에 취리히 대학 박사과정 학생이었던 박상봉 교수로부터 훌륭하면서도 유쾌한 도움을 받았다. 이 책의 강의들을 번역하고, 주의 깊게 그리고 정확하게 살핀 김병훈 교수, 박상봉 교수, 이승구 교수, 안상혁 교수, 이남규 교수님들에게 감사를 드리며, 서문을 통한 감사의 표현으로는 다 말할 수 없는 많은 도움을 받았음을 밝힌다.

2015년 성탄절을 앞두고, 스위스 바덴에서
에미디오 캄피

목 차

■ 서문

제1부 울리히 쯔빙글리
(Ulrich Zwingli 1484-1531)

제1장 스위스 종교개혁의 신학적 개요 (Ⅰ) - 공통점들_ 13

1. 핵심적인 신앙의 공통점들_ 15
   (1) 성경_ 15
   (2) 구원_ 21
   (3) 교회의 본질_ 29

제2장 스위스 종교개혁의 신학적 개요(Ⅱ) - 차별성_ 37

1. 교회정부와 치리_ 37
2. 성례신학_ 51
3. 언약신학_ 62
4. 결론_ 81

제2부 피터 마터 베르밀리
(Pietro Martyr Vermigli 1549-1562)

제3장 피터 마터 베르밀리: 하나의 신학적 초상화_ 87

1. *Tuscia te pepulit* ("투스카니는 당신을 축출하였고")_ 91
   2. *Germania et Anglia fovit Martyr*_ 99
      ("독일과 영국은 당신을 모셨었는데")
   3. *Martyr, quem extinctum, nunc tegit Helvetia*_ 111
      ("죽은 마터를 스위스가 이제 보호하도다")
   4. 베르밀리의 영향력_ 119

   제4장 베르밀리의 교회론: 공교회성, 분리 그리고 이단_ 123

   1. 공교회성(Catholicity)_ 124
   2. 분리와 이단(Schism and Heresy)_ 139
   3. 결론_ 149

제3부 하인리히 불링거
(Heinrich Bullinger 1504-1575)

   제5장 취리히 종교개혁: 불링거의 시대(1531-1575)_ 153

   1. 위기와 대응_ 153
   2. 불링거의 학창시절과 취리히 교회의 수석목사로 선택_ 155
   3. 취리히 교회의 새로운 시작과 조직_ 163
   4. 예언회와 사회문제_ 172
   5. 교파적인 관계들과 교파화에 대한 설명_ 178
   6. 취리히 종교개혁의 영향_ 193

제1부
울리히 쯔빙글리
(Ulrich Zwingli 1484-1531)

제1장 스위스 종교개혁의 신학적 개요 (Ⅰ) - 공통점들

1. 핵심적인 신앙의 공통점들
   (1) 성경
   (2) 구원
   (3) 교회의 본질

제2장 스위스 종교개혁의 신학적 개요(Ⅱ) - 차별성

1. 교회정부와 치리
2. 성례신학
3. 언약신학
4. 결론

[Ulrich Zwingli]

제1장 *
스위스 종교개혁의 신학적 개요(Ⅰ) - 공통점들

취리히 종교개혁으로 인하여 세워진 중요한 기관들 가운데 개혁파 최초의 신학교인 소위 '예언회'(*Prophezei*)로 알려진 학교가 있다. 쯔빙글리가 그 학교의 이름을 '예언회'라고 이름을 지은 데에는 이유가 없지 않았다. 이 용어는 쯔빙글리가 생각하는 신학 공부와 또한 개혁파 목사에 대해 그가 마음에 품은 그림과 밀접하게 연결이 되어 있다. "설교의 직무에 대하여"(On the Preaching Office)라는 자신의 글에서 설명한 바와 같이,[1] 설교자들이란, 고린도전서 14:29에 기록된 바를 따라서, 그들이 하나님의 말씀을 해석을 한다는 의미에서 '예언자들'이다. 이러한 책임은 철저한 신학적 훈련을 필요로 한다. 게다가, 그들은 악과 싸우고 새로운 악을 방지하기 위하여 정치적 공동체(Wächteramt)를 감시할 예언적 직무를 감당한다.[2]

---

* 제1장의 번역자는 김병훈 교수(합동신학대학원 조직신학)이다.

[1] *Vom Predigtamt*, Z 4, 369-433.

[2] *Vorrede zur Prophetenbibel*, Z 6/2, 300,10: "die laster hinzebyssen unnd vor den künnfftigen zuo vergoumen hat."

자유롭게 표현을 해본다면, 쯔빙글리에게 있어, 본질상 신학이란 기독 공동체를 세우고, 그것으로 세상에서 자신의 책임을 다하기 위한 준비를 갖추도록 하는 안내자와 같다. 이러한 사실은 쯔빙글리가 1525년 6월 19일에 예언자 학교를 개교하면서 드린 기도 가운데 잘 표현이 되어 있다:

> 하늘에 계신 자비로우신 하나님 아버지! 하나님의 말씀은 내 발에 등이며 또한 내 길을 비추는 빛이오니, 간구하옵기는 그리스도로 말미암아 우리의 마음과 생각을 열어주시고 그것들에게 빛을 비추어 주옵소서. 그리하여 우리로 하여금 하나님의 말씀을 더욱 더 분명하고 완전하게 이해를 하고, 그것에 따라 우리의 삶을 정돈하도록 하옵소서. 우리로 하여금 하나님의 위대한 존엄에 합당치 않은 일들을 결코 행하지 않도록 하여 주옵소서. 우리 주 예수 그리스도의 이름으로 기도하옵나이다.[3]

스위스 종교개혁은 16세기 내내 유럽을 휩쓸었던 종교개혁 운동의 한 부분이었다. 스위스 종교개혁은 다른 나라들에 있었던 종교개혁들과 공통적으로, 로마 카톨릭 교회의 고위 성직자들과 그들의 재정적 남용에 대해 불만을 가지고 있었으며, 교회와 그것의 의식들을 비판하였고, 새로운 종교적 메시지를 널리 펼치면서, 교회와 사회의 갱신을 열망하였다. 그럼에도 불구하고 스위스 종교개혁은 몇 가지 점에서 유럽의 다른 나라들과는 다른 점이 있었다. 이러한 유사성과 차이점들은 1519년과 1619년 사이에 일어났던 신학적 발전의 추이를 보면 특별히 분명하게 드러난다.

---

[3] Z 4, 702.4-10.

1. 핵심적인 신앙의 공통점들

스위스 종교개혁의 신학적 개요는 루터파와는 달랐다. 이들을 분리하였던 개인적인 요소들, 문화적 요소들, 그리고 정치적 요소들 뿐만 아니라, 이들은 인간론과 죄론의 이해가 서로 달랐으며, 기독론과 구원론에 대한 접근방식이 서로 달랐고, 성례론에 대한 관점이 서로 달랐다.

    그러나 올바른 관점을 확립하기 위하여, 주목해 보아야 할 점은 종교개혁의 권위있는 두 진영들 사이에 이들이 스스로 인정하고자 했던 것보다 또는 이후의 해석자들이 생각했던 것보다 훨씬 더 공통적인 것들이 많았다는 사실이다. 공유가 되어진 많은 핵심적인 믿음의 내용들은 1518년과 1521년 사이에 마틴 루터에 의하여 뚜렷이 표현이 되었으며, 그 후에 1520년대 초기에 스위스 종교개혁자들에 의하여 받아들여지고, 다시 정의되고, 또 다시 발견되었다. 논문의 지면이 제한되어 있는 고로, 이러한 공통점들 가운데 단지 세 가지 면들, 곧 성경, 구원, 그리고 교회의 성질에 대해서만 다룰 수 있겠다.

(1) 성경

로마 카톨릭 교회의 논쟁자들에 맞서 성경을 유일한 권위로 호소하면서, 초기 종교개혁은 교리의 문제와 관련하여 성경의 명료성을 굳게 확신하는 기반 위에 서 있는 하나의 통합적인 원리가 있다고 생각하였다.[4] 한편으로는 성찬에 관한 논쟁이 개진되면서 또 다른 한편으로 근본적인 불일치가 일어나면서, 종교개혁의 권위자들은 다소 당황하였으며, 그들의 해석학적인 낙관주의의 기세는 꺾이고 말았다. 성경의 해석은 로마교회와 개신교 사이에서 뿐만 아니라, 종교개혁 진영 안에서도 또한 논쟁의 원인이 되었다. 루터, 칼슈타트, 뮌처, 쯔빙글리, 외콜람파디우스, 그리고 재침례파들은 각각 자기 나름의 견해를 가지고 있었으며, 그로 인하여 다른 견해들을 거부하지 않을 수가 없었다.

그럼에도 불구하고 그들 사이에 공동의 유산이 있음을 말하는 것이 옳다는 사실을 보여줄 만한 비슷한 주장들이 존재한다. 첫째로, 종교개혁자들에게 있어서, 오직 성경으로만(*sola scriptura*)는 하나의 열띤 해석학적 토론 이상의 의미를 갖고 있었다. 이 작은 문구를 수 백년에 걸쳐 남용하여 온 까닭에 그것은 종교개혁 첫 세대를 자극시켰던 핵심 요점을 모호하게 하는 한낱 상투적인 것이 되고 말았다. 근본적으로, 성경은, 루터가 표현 바 대로, 그리스도께서 누우셨던 구유이었으며, 은혜와 선한 목자의 용서의 긍휼에 관한 좋은 소식이 들려지는 곳이었다.

게다가 '오직 성경'(*sola scriptura*)으로 만을 종교개혁자들이 고수할 때, 그것으로 그들이 의도한 것은 한낱 성경적 근본주의를 주장하기 위한 것이 아니었으며, 또한 교회의 전통, 즉 고대 신경들, 공의회의 교리들, 그리고 교부들의 저술들의 가치

---

4 Jack Rogers and Donald K. McKim, eds., *The Authority and Interpretation of the Bible: An Historical Approach* (San Francisco: Harper and Row, 1979), Chap. 2; Henk van den Belt, *The Authority of Scripture in Reformed Theology. Truth and Trust* (Leiden: Brill, 2008).

를 깎아 내리기 위한 것이 아니었다. 기독교 일각에서는 성경에 없는 것은 기독교적인 것이 아니라는 주장을 하기도 하지만, 종교개혁자들은 본질적인 것과 허용할 수 있는 것을 근본적으로 구별을 하였다.

전통은 그 자체로 거부되지 않았으며, 단지 그것이 성경과 일치를 이루지 못할 경우에 거부가 되었다. 모두가 의견을 함께 한 몇 안 되는 것들 가운데 하나는, 전통이 아무리 오래되었거나 공경할만한 것이라고 하더라도, 오직 성경만으로만 전통을 평가하여야 한다는 것이며, 성경이 교회의 무오한 '신앙의 규칙' (regula fidei)으로서의 권위를 갖는다는 것이다.

루터는 그의 책 『바벨론의 포로가 된 교회』에서 이 주제에 대해 완전한 설명을 주고 있다.

> 하나님의 말씀은 비교할 수 없을 정도로 교회보다 우월하다. 그리고 이 말씀 안에서, 교회는, 피조물 가운데 하나이므로, 아무 것도 작정을 하거나 명령을 하거나 만들지 못하며, 단지 교회 자체가 작정을 받고, 명령을 받고 만들어지는 것이다.[5]

마찬가지로, 쯔빙글리는 주장하기를, 교회는 설교의 유일한 규칙을 하나님의 말씀 안에서 인식해야 하며, 사람의 전통은 항상 하나님의 말씀의 권위 아래에 있어야 하고 그 결과 "교부들이 말씀에 순종해야 하는 것이지, 하나님의 말씀이 교부들에게 순종해야 하는 것이 아니다" 라고 하였다.[6] 1528년 베른에서 있었

---

[5] WA 6: 560-1; LW 36: 107.

던, 스위스 종교개혁의 전환점 가운데 하나인, 이른바 '베른 논쟁'에서, 비슷한 견해가 옹호되었다. 베른 논쟁에서 개신교 쪽이 제시한 주장은 이러하다:

> 거룩한 기독교회의 유일한 머리는 오직 예수 그리스도이시며, 그 교회는 하나님의 말씀으로부터 태어난다. 그리고 그것은 그 가운데 머물며, 다른 것들의 음성을 듣지 않는다.[7]

마찬가지로, 외콜람파디우스는, 그가 고대 기독교 저술가들을 좋아하였음에도 불구하고, 성경만이 신적 권위를 갖으며, 교부들과 교회의 공의회들은 '진리에 대한 증인들'(testes veritatis)일 뿐이라고 주장하였다.[8]

'오직 성경으로만'이라는 구호는 차이점들보다는 공통점들이 훨씬 더 중요한 다른 영역들에 대한 관심을 일으켰다. 비텐베르크, 취리히, 스트라스부르그, 바젤, 베른 그리고 제네바에서는 모두 마찬가지로, 그 표어 뒤에 성경의 언어인 히브리어와 그리스어를 완전히 익혀서 성경의 저자들이 의미하는 바를 좀 더 순조롭게 파악할 수 있고자 하는 공통된 관심이 있었다. 이러한

---

[6] *Der Hirt* (1524), Z 3: 50.8-9; Engl.: *The Shepherd*, in *Huldrych Zwingli: Writings*. 2 vols., eds. E.J. Furcha and H. Wayne Pipkin (Allison Park, PA: Pickwick Publications,1984) 2: 111 (henceforth ZLW).

[7] Z 6/1: 243.10-12.

[8] Eric W. Northway, *The Reception of the Fathers and Eucharistic theology in Johannes Oecolampadius (1482-1531), with special reference to the Adversus haereses of Irenaeus of Lyons*, Durham theses, Durham University, 2008. Available at Durham E-Theses Online: http://etheses.dur.ac.uk/1941/.

새로운 종류의 성경 연구는, 르네상스 인문주의에 의해서 영향을 받은 것이 분명하며, 하나님의 말씀을 사람들이 이해할 수 있는 언어로 전하여야 한다는 신념과 더불어 전개가 되었다.

이러한 관심을 보여주는 증거는 1522년에 루터가 신약을 번역한 『9월 성경』(September Testament)과 1534년에 번역한 성경 전체이다. 이것과 동일한 추진력이 1531년에 번역이 된 『취리히 성경』과 또 1535년에 번역된 『올리베탕 성경』의 배후에 있었다. 후자는 최초의 프랑스 개신교 성경으로서, 그 본문은 3세기 동안 개신교 성경 번역들의 기준 역할을 하였다. 거의 동시에 출판이 된 이러한 책들의 서문에 담긴 불후의 아름다움을 비교하며 읽는 것은 유익한 일이다.

언어학적 정확성에 대한 공통의 관심, 그리고 계속하여 나오는 번역들 이외에, 신학적이며 목회적인 문제들에 있어서, 동일한 확신이 명백하며 객관적인 것으로 빛을 발하였다. 그 확신은 성경의 메시지는 일반적으로 말해서 쉽게 이해가 되며, 그리스도로 인하여 불경건한 자들을 의롭게 하는 은혜의 하나님을 증거한다는 것이다. 성경의 권위는, 일부 개신교도들에게 때대로 그러했던 것처럼, 하나의 '형상적' 원리, 곧 교의학의 서론이 아니라, 그리스도와 그의 구원의 메시지로 확실하게 표현이 되어진 구원론적 맥락 안에 자리한다.

자국어로 성경을 번역하고 이를 통용시키는 일과 더불어, '오직 성경으로만'(sola scriptura)은 모든 권위있는 개혁자들에게 있어 학적인 주석들로 성경의 의미를 해설하고 또 강단에서 새로운 방식으로 설교를 실험해보는 것을 의미하였다. 비텐베르크, 바젤, 베른, 취리히, 로잔, 그리고 제네바에서, 성경에 대한 연구와 해설이 숨막힐 정도의 속도로 진행이 되었다. 주석들은 다른 시대들과의 비교는 거의 생각할 수 없을 정도의 흐름으로 발간이 되었으며 다시 인쇄가 되었는데, 이것은 인쇄 시대에 사람들에게 종교 교육을 하여야 할 긴급성을 보여준다.

성경 번역과 성경적 도움 이외에, 성경의 영적인 권위에 대한 재발견도 또한 말로 주어지는 말씀, 곧 일반 사람들을 위한 하나님의 말씀의 설교에 영향을 주었다. 루터파들은 본문을 발췌하는 전통적인 방식을 유지하였던 반면에, 스위스 개혁파들은 대체로 체계적인 강해, 이른바 연속강독(*lectio continua*)을 선호하였으며 성경 전 책들을 한 장 한 장씩 설교해 나갔다.

하지만 종교개혁의 권위있는 두 진영들은 모두 설교를 통해 그리스도께서 신자들의 삶 속에 실재로 임하신다는 사실을 강조하였다. 루터가 "형식적인 성찬주의자들"(Sacramentarians)을 (즉, 칼슈타트 Karlstadt, 쯔빙글리 Zwingli, 외콜람파디우스 Oecolampadius 등) 비판하면서 1526년에 출간한 그의 논문, "그리스도의 몸과 피의 성례에 대하여 - 광신자들을 비판하며" 안에 이러한 주장을 끼워 넣은 것은 좀 아이러니한 일이다. 그는 주장하기를, 복음이 설교되어질 때, 그리스도께서는 심령 안으로 들어오셔서 "여러분으로 하여금 그의 형상을 이루게 하신다"고 하였다.[9] "형식적인 성찬주의자"인 (적어도 루터에게

---

[9] WA 19: 489; LW: 36: 340.

는 그렇게 여겨졌다) 외콜람파디우스는 하나님의 말씀이 설교되어질 때, 그리스도가 함께 하지 않을 수가 없다고 비슷한 주장을 하였다.10 불링거는 1566년 『제2 스위스 신앙고백서』 (*The Second Helvetic Confession*)에서 같은 취지를 "하나님의 말씀의 설교는 곧 하나님의 말씀이다" 라는 유명한 말로 표현하였다.11 '오직 성경으로만'(*sola scriptura*)이라는 구호의 이러한 근본적인 측면들은 상황의 압력 아래 그 어떤 구체적인 해석들이 그들에게 주어지더라도 포기된 적이 없었으며, 오늘에 이르기까지 종교개혁 기독교의 공동유산으로 여전히 남아 있다.

(2) 구원

성경에 담긴 바대로의 말씀과의 만남으로부터 중세 교회의 가르침과 실천에 대해 근본적으로 대립하는 새로운 구원의 이해가 나오게 되었다. 그것은 율법주의에게서 – 에라스무스가 이미

---

10 Oecolampadius, *Quod expediat epistolae et evangelii lectionem in missa* (Ebernburg: n.p., 1522), B5v: "Ubi verbum dei, ibi abesse non potest Christus. Itaque dum me auditis, non me auditis, sed Petrum vel Paulum vel loannem, vel cuius scriptura recitatur, imo non illos auditis, sed in ipsis Christum." (하나님의 말씀이 있는 곳에는 그리스도가 계시지 않을 수가 없는 법이다. 따라서 여러분이 내 말을 들을 때, 여러분은 내 말을 듣는 것이 아니라, 베드로나 바울이나 요한의 말을 듣는 것이다. 또한 그들이 쓴 글들을 읽을 때, 정확히 말해서 여러분은 그것들을 듣는 것이 아니라, 오히려 그것들 안에서 그리스도를 듣는 것이다.")

11 *Reformierte Bekenntnisschriften*, eds. Heiner Faulenbach et al. 6 vols. Neukirchen-Vluyn: Neukirchener Verlag, 2002-. Here 2/2: 273 (henceforth RBS)

재치 있게 공격하여 녹슬게 하였던 보상과 공로에 기초한 계량적 경건의 형태에게서 – 기독교의 핵심 메시지, 용서를 베푸시는 하나님의 긍휼 그리고 받을 자격이 없는 인간을 향한 하나님의 넘치는 호의에로 돌아서는 일이었다.

이러한 통찰의 핵심적인 주제는 죄, 율법, 그리스도, 믿음, 예정, 그리고 무엇보다도 의롭게 함과 거룩하게 함이었다. 루터파의 종교개혁에 있어서 의롭게 함의 교리는 "첫 번째이며 으뜸이 되는 항목"이며 동시에 다른 모든 기독교 교리들을 "다스리고 판단하는 항목"이라고 주장되었다.[12]

폭 넓게 말해서, 의롭게 함의 교리는 두 개의 절차를 수반한다. 첫째로, 죄인들은 그리스도의 속죄 사역의 공로들이 그들에게로 "전가"되기 때문에 의로운 자로 간주되고 선언되며, 하나님의 진노와 형벌을 받기에 마땅한 그들의 죄들이 조건없는 용서를 받는다. 둘째로, 용서를 받은 죄인들은 성령 하나님의 능력에 의하여 내면으로부터 새로워지며, 한 걸음씩 올바르게 행하기를 시작한다. 첫 번째 단계는 하나의 외적이며 생경한 과정으로 죄인의 외부에서 일어난다. 일반적으로 성화로 알려진, 두 번째 단계는, 첫 번째를 단계를 하나의 결과로서 뒤 따르지만, 의롭게 함의 전제 조건이거나 일부가 아니다.

스위스 종교개혁자들에 대해 말하기를, 특별히 요아킴 바디안(Joachim Vadian)을 제외하고는, 이들이 처음에는 루터의

---

[12] 이 주제에 대한 잘 정리된 글을 위해서 다음의 책을 참조할 것. *The Oxford Handbook of Martin Luther's Theology*, eds. Robert Kolb, Irene Dingel, and L'ubomír Batka (Oxford: Oxford University Press, 2014).

의롭게 함 교리에 대해 거의 전적으로 무관심하게 대하였으며, 나중에는 믿음의 윤리적 차원이 이들의 주된 관심이었다는 주장이 있어 왔다.13 이 견해는 그 주제에 대해 요즘 꽃을 피우고 있는 연구에 비추어 볼 때 다소 놀라운 것이다. 물론 그것은 많은 신화들이 스위스 종교개혁을 둘러싸고 있음을 잘 보여주는 증거이다.

이러한 견해가 가지고 있는 문제는 단지 문서적 증거가 엉성하다는 것뿐만이 아니라, 그것이 법정적 행위라는 기본적인 것만을 지나치게 과장하는 경향을 지닌 종교개혁의 칭의 교리에 근거하고 있다는 데에 있다. 이후 개신교도들은 많은 도표를 그려서 불경건한 죄인이 하나님 앞에서 의롭게 되며 구원에 이르도록 하나님에 의하여 받아들여지는 절차를 나타내 보여야 했다.

그러나 종교개혁자들은 법정적 수용이라는 의미로 '의롭게 하심'(*justificatio*)의 용어를 사용하는 것에 관심을 두기보다, 오히려 은혜와 구원의 무조건성이라는 것에 관심을 두고 있었다. 그러므로 베른트 함(Berndt Hamm)의 다음과 같은 말은 적절한 것이다:

---

13 이 견해는 앙리 스트롤(Henri Strohl)의 *La pensée de la Réforme* (Neuchâtel: Delachaux et Niestlé, 1951), 102-9에서 볼 수 있으며, 다음의 저자들이 이 견해를 지지한다. Christof Gestrich, *Zwingli als Theologe. Glaube und Geist beim Zürcher Reformator* (Zurich: Zwingli Verlag, 1967), 181-86; and by Alister E. McGrath, *Iustitia Dei: A History of the Christian Doctrine of Justification,* 2 vols. (Cambridge: Cambridge University Press, 1986), 2: 33-34; idem, "Justification and the Reformation. The significance of the Doctrine of Justification by Faith to Sixteenth Century Urban Communities," ARG 81(1990), 5-18.

이러한 [무조건성]이야말로 발전이 완전한 상태에 이른 모든 종교개혁 신학체계의 핵심에 자리하고 있는 칭의라는 개념의 본질이다.[14]

스위스 종교개혁자들에게도, 칭의 그리고 은혜의 무조건성 사이의 이러한 연결은 기독교 메시지의 시신경이었다. 칭의는 어떤 식으로든지 그리스도를 믿음으로만 의롭다함을 받는 사람들의 생각, 말, 그리고 행위들에 달려 있는 것이 아니었다. 하나님 보시기에 완전한 의로서의 의롭다 함이란 그리스도로 말미암아 먼저 죄인에게 주어지는 것이며, 부분적인 윤리적 갱신과는 결코 일치될 수가 없는 것이었다. 그런 것이라기보다 칭의는, 마치 원인과 결과처럼, 하나님의 측량할 길이 없는 충만성과 피조물들의 공허함처럼, 내재하는 어떤 도덕성과도 구별이 되는 것이었다. 비록 종교개혁자들 가운데 용어적인 일치가 이루어지지 않았다 하더라도, 하나님으로부터 부어진 '외적인 의'(*iustitia aliena*)를 우위에 두는 확신이 공통적으로 있었다. – 그리고 바로 이 점에서 그들은 스콜라주의와 근본적으로 차이가 있었다.[15]

---

[14] 이 주제에 대한 개혁파의 견해들의 다양한 측면과 일치된 측면을 보려면 다음의 글들을 보라. Berndt Hamm, *The Reformation of Faith in the Context of Late Medieval Theology and Piety: Essays*; ed. Robert J. Bast (Leiden: Brill, 2003), 179-215, here 190; David C. Fink, "Was There a 'Reformation Doctrine of Justification'?", *Harvard Theological Review* 103 (2010), 205-35; Jeff Fisher, "Renaissance Humanism and the Justification of John Oecolampadius: His Teaching on the Doctrine and a Revision of McGrath's Portrayal of the Swiss Reformer," *Global Journal of Classic Theology* 9 (2011), 1-27.

[15] Hamm, *Reformation of Faith*, 96.

예를 들어, 쯔빙글리의 견해를 세밀하게 자세히 살펴보면, 그의 칭의론에서 주로 주목되고 있는 것은 하나님의 선물로서 기독교인들에게 주어지는 그리스도의 의이며, 인간의 내적인 성질과는 아무런 관계가 없다. 그것은 우리에게 주어지는 것일 뿐이며, 하나님의 사죄를 신실하게 받아들이는 것과 별개로, 우리 안에 존재하는 것이 아니다. 그는 이러한 칭의의 이해를 안셈의 용어로 표현을 다음과 같이 하였다. 즉 그는 그리스도의 희생으로 인하여 하나님께서 우리의 죄를 도말하시며, 하나님께서 우리를 자신과 화목케 하시는 것은 (우리가 행하는 행위로 말미암는 것이 아니라) 그리스도의 의로 말미암는 것이라고 믿었다. 쯔빙글리는 심지어 그의 『신앙 해명』(*Fidei Ratio*)에서, 더 나아가 그리스도의 구속의 희생의 근거를 하나님의 선택에 두었다. 그러므로 구원은 그의 의지와 목적에 의존하고 있으며, 우리의 공로와는 아무런 관계가 없다.16 하지만 루터와 달리, 쯔빙글리에게 있어 의는 단지 전가만 되는 것이 아니라, 진실로 우리에게 전해지는 것이며, 그 결과 그것은 그리스도의 본을 따라가는 삶의 원천이다. 이런 식으로 칭의와 성화는 쯔빙글리 신학에 있어서 긴밀하게 연결이 되어 있다.

외콜람파디우스의 경우에서도 비슷한 전개를 볼 수 있다.

---

16 Z 6/2: 796.14-30; 영역: *The Latin Works and the Correspondence of Huldreich Zwingli: Together with Selections from his German Works*, ed. Jackson, Samuel Macauley, 3 vols. (New York: Putnam's Sons, 1912-29) 2: 39-40 (henceforth ZLW). 참조 Meyer, *Zwinglis Eschatologie*, 124-35; Stephens, *The Theology of Huldrych Zwingli*, 154-169; Corneliu C. Simuţ, "Ulrich Zwingli and His Doctrine of Justification," in *Perichoresis* 2 ((2004): 89-95.

피셔가 설득력 있게 논증을 하였듯이, 바젤의 주된 종교개혁자는 루터가 했던 것만큼 칭의의 교리를 부각시키지 않았음에도 불구하고, 외콜람파디우스가 칭의에 대하여 도덕주의자 접근을 했다고 말할 수는 없다. 그 보다는 차라리, 이 주제에 대한 그의 생각은 초기 종교개혁의 주목할만한 다성학적인 소리들 가운데 하나의 독창적인 목소리를 대변하고 있다고 말하는 것은 충분한 근거를 가지고 있다. 그는 계명들에 대한 순종의 삶으로서의 성화에 대한 필요를 강조하는 데에는 타협을 전혀 하지 않는 반면에, 성화는 내재적이며, 불완전한 의가 아니라 전가된, 완전한 의에 근거하여야 한다는 그의 견해에 있어서는 마찬가지로 단호하였다.[17] 요컨대, 우리 앞에 놓여 있는 것들을 고려하면서, 외콜람파디우스는 루터와 칼빈 사이에 위치를 하고 있는 것으로 볼 수 있다.

수정되어야 할, '그렇다고들 알고 있으나 사실이 아닌' 또 다른 것이 있다. 그것은 의롭다함(Justification)의 주제가 불링거에게는 다소 당황스러운 것이었음이 밝혀졌다는 오해이다.[18]

> 사실에 있어서, 그 노회장(역주: 불링거를 말함)은 의롭게 함의 법정적 특성을 조금도 주저하지 않고 인정을 하였다. 의롭게 하는 의는 오직 믿음으로 말미암아 이르게 되지만, 항상 거룩하게 하는 의가 함께 하며, 그리스도 안에서 새로운 생활을 추구해야 하는 그리스도인들의 책임을 제거하지 않는다.[19]

---

[17] Fisher, "Renaissance Humanism and Justification," 22.
[18] Gustav von Schulthess-Rechberg, *Heinrich Bullinge, der Nachfolger Zwinglis* (Halle a.d.S.-Zurich: Verein für Reformationsgeschichte, 1904), 21.
[19] 참조. Mark S. Borrows, "Christus intra nos vivens: The Peculiar

의롭게 함과 거룩하게 함은 구별이 되지만 서로 연결이 되어 있는 것이다. 불링거는 의롭게 함을 하나님의 자녀로 입양(*adoptio*) 되는 것과 또한 성령 안에서 새로운 생명을 살아가도록 하는 살리는 능력(*vivificatio*)으로 표현을 한다.20

베르밀리의 의롭게 함의 교리에서도 동일한 경향이 분명하게 나타난다. 그는 의롭게 함의 용어를 두 가지 의미로, 하나는 엄격한 법정적 의미로 그리고 다른 하나는 보다 넓은 도덕적 의미로 사용을 한다. 피터 마터의 주장, 곧 "이 교리는 모든 경건의 머리이며 원천이며 대들보이다"는 주장을 루터는 분명히 지지하였을 것이다.21 그리고 이 온화한 피렌체 사람, 베르밀리가 흠잡을 데 없는 명료함으로 로마서 주석에서 의롭게 함의 전 교리를 단지 몇 줄의 문장으로 전개했을 때, 아마도 스위스의 모든 이들은 그에게 동의를 하였을 것이다. 그는 의롭게 함이란

Genius of Bullinger's Doctrine of Sanctification," *ZKG* 98 (1987), 48-69; Peter Opitz, *Theologe,* 256-315; Christoph Strohm, "Frontstellungen, Entwicklungen, Eigenart der Rechtfertigungslehre bei Bullinger," in *Heinrich Bullinger. Life – Thought – Influence. Zurich, Aug. 25-29, 2004 International Congress Heinrich Bullinger (1504-1575)*, eds. Emidio Campi and Peter Opitz, 2 vols. (Zurich: TVZ, 2007), 2: 537-72 (henceforth HBLTI).

20 Bullinger, *Decades*, in Heinrich Bullinger, *Werke. Dritte Abteilung: Theologische Schriften.* 7 vols. (Zurich: TVZ, 1983) 3: 69, 32-33: "Ergo est iustificatio vitae absolutio a peccatis, liberatio a morte, vivificatio, seu translatio a morte in vitam."(그러므로 생명을 얻는 의롭게 함이란 죄의 사면이며, 죽음으로부터의 해방이며, 살리는 것이며 또한 죽음에서 생명으로 옮기는 것이다.) (이후로 *HBTS*)

21 Peter Martyr Vermigli, *Predestination and Justification* (Kirksville: Thomas Jefferson University Press, 2003), 96. Frank James III가 쓴 긴 서문을 참조할 것.

그리스도의 전가된 의에만 근거를 두며, 우리의 구원의 기둥(*columen nostrae salutis*)이며, 죄인 안에 성화 또는 도덕적 변화를 낳는다(*sancte vivendo acquirimus*)고 썼다.22

잘 알려지지 않은 스위스 종교개혁자들의 단면을 폭 넓게 보여주는 예를 살펴본다면, 여러 가지 다른 세밀한 차이에도 불구하고 진정한 개신교의 의롭게 함의 교리의 더 이상 단순화할 수 없는 핵심, 곧 그리스도인의 생활의 윤리적 갱신은 은혜로부터 나온다는 기본적으로 아주 간명한 사상이 존재했었다는 주장을 입증하기에 더 잘 준비가 될 것이다. 예를 들어, 세바스티안 호프마이스터, 볼프강 무스쿨루스, 요한네스 코맨더, 또 피에르 비레가 이 주제에 대하여 무엇을 말하였을까? 하지만 이 일은 이 논문의 범위를 훨씬 넘어서는 일일 것이다. 여기서는 칼빈이 기독교 강요에서 그 주제에 대한 길게 그리고 균형있게 다루었던 것을 언급하는 것으로 충분할 것이다. 그것은 루터와 신학적

---

22 Vermigli, *In Epistolam S. Pauli Apostoli Ad Rom. Commentarii* [Basel: Perna, 1560], 331: "At Paulus per mortem Christi asserit, nos esse iustificatos: quod primum intelligitur coram Deo per imputationem: deinde etiam, quod indies adiiciatur nova iustitia, quam sancte vivendo acquirimus, per instaurationem virium iam a spiritu sancto perceptarum. Quanquam priori iustificatione tantum nitendum est. In ea enim est columen nostrae salutis. Altera enim iustitiae ratio, cum imperfecta sit, ad tribunal Dei consistere non potest."(그러나 바울은 그리스도의 죽음으로 말미암아 우리가 의롭다함을 받는다고 주장을 한다: 그것은 먼저 하나님 앞에서 전가로 말미암아 깨달아지며, 나중에 성령으로 말미암아 주어진 능력들의 갱신으로 말미암아 거룩하게 살아감으로써 우리는 새로운 의를 날마다 더하게 될 것이기 때문이다. 그러나 역시 그것은 먼저 의롭다함을 받는 것에 의존해야만 한다. 왜냐하면 의롭다함을 받는 것에 우리의 구원의 기둥이 있기 때문이다. 후자의 의의 근거는 불완전 하여, 하나님의 심판대에서 서 있을 수가 없다.)

중심과 용어가 다름에도 불구하고, 기본적으로 일치를 보인다.

칼빈의 구원론의 핵심은 "그리스도와의 연합"(기독교 강요, 3.11.10)이며 "하나님의 이중 은혜" 교리이다. 그는 그리스도의 구속 사역으로 말미암는 오직 은혜만으로 의롭게 함과 성령의 사역으로 말미암는 거룩하게 함을 조심스럽게 그리고 일관되게 구별을 한다. 그러나 동시에 이러한 두 가지 측면을 지닌 하나님의 은혜의 근본적인 단일성을 강조한다. 의롭게 함과 거룩하게 함은 그리스도와의 연합의 서로 연결된 은택이기 때문에, 신자들은 구원의 확신뿐만 아니라, 또한 새로운 순종의 시작도 또한 누리게 된다.23

(3) 교회의 본질

교회 정부와 치리의 문제와 관련한 뚜렷한 차이점에 대해서 잠깐 살펴보기로 한다. 이러한 차이점들로 인하여 교회의 본질에 대한 이해에 있어서 종교개혁 권위의 두 줄기들 사이에 있는 근본적인 공통성이 모호하게 되는 일이 있도록 해서는 안 된다.24 종교개혁을 선도한 신학자들은, 루터란이든지, 쯔빙글리

---

23 Cornelis P. Venema, *Accepted and Renewed in Christ: The "Twofold Grace of God" and the Interpretation of Calvin's Theology* (Göttingen: Vandenhoeck & Ruprecht, 2007), 132-70, here 273-74.

24 Gottfried Wilhelm Locher, *Sign of the Advent: A Study in Protestant Ecclesiology* (Fribourg: Academic Press, 2004); David M. Whitford, ed., *Companion to Reformation Theology* (London: T & T Clark International, 2012), Chap. 9; Andrew A Chibi, *The Wheat and the Tares: Doctrines of the Church in the Reformation, 1500-1590* (Eugene, Oregon:

파이든지, 칼빈주의자들이든지, 누구도 자신들을 새로운 교회의 설립자들로 여기지 않았다. 오히려 그들은 니케아-콘스탄티노플 신경의 "하나의 거룩한 보편적이며 사도적인 교회"를 고백했으며 거룩한 그리스도 교회가 틀림없이 존재하고 있고, 여전히 계속되고 있다는 확신을 함께 가지고 있었다.

게다가, 종교개혁자들은 교회의 초월적 본질에 대해 깊은 이해를 가지고 있었다. 즉 교회는 스스로 자신을 구성할 수 없으며, 또한 자신을 창조하고 유지할 수가 없는 것이다. 교회가 그렇게 할 수가 없는 까닭은 교회란 하나님의 유일한 작품이며, 또한 하나님의 말씀의 피조물이라는 점에서 하나님의 작품들 가운데서 가장 특별한 작품이다.25 근본적으로, 그들은 주장하기를, 교회란 성도의 교통(*communio sanctorum*)이니, 가장 넓은 의미에서 하늘 아래와 땅 위에 존재하는 모든 성도들의 무리를 포함하는 것으로 해석이 되는 성도의 교통이다. 이러한 의미에서, 교회는 신비의 몸(*corpus mysticum*)이니, 삼위일체 교통의 하나 됨(*oneness*)과 일치하며, 성부, 성자 그리고 성령의 서로 다름(*otherness*)과 일치하는 신비한 몸이다. 그것은 경험하여 파악되지 않는다. 그것은 신비이며, 하나님 안에서 경로를

Pickwick Publications, [December 2015]).

25 Luther, *Resolutiones Lutherianae* (1519), WA 2: 430,6-7: "Ecclesia enim creatura est Euangelii;"(교회는 복음의 피조물이기 때문이다.) Zwingli, *Christliche Antwort Zürichs an Bischof Hugo* (1524), Z 3: 217.35-218.1: "Denn das gotzwort macht die kilchen, und die kilch mag nit das gotzwort machen;"(하나님의 말씀이 교회를 만들며, 교회가 하나님의 말씀을 만들 수는 없는 법이다.) Z 3: 223.6-7: "Welchs ist aber sin kilch? Die sin wort hört."(그의 교회는 어디에 속하여 있는가? 그의 말씀을 듣는다.)

따라 완성이 된다.

다른 한편, 종교개혁자들은 교회를 보이지 않는 사회로 전환시키는, 이처럼 지극히 영적인 개념의 교회에만 의존하지 않았다. 그들은 교회가 지상에 존재하는 하나의 기관이라는 분명한 이해를 가지고 있었으며, 이는 그들의 기독론과 구원론의 자연스러운 발전의 결과이기도 하다. 하나님께서 사람인 예수 그리스도 안에 계시는 것처럼, 그리고 살아있는 믿음은 신자의 선행으로 몸을 갖게 되는 것처럼, 교회라는 신비적-종말론적 실재는 외적이며-역사적인 형태의 몸을 가져야만 한다. 교회는 그리스도와 함께 하나님 안에 감추어져 있다. 그러나 인간적 측면을 취하여, 지상에서 자신을 드러낸다. 루터가 유명한 격언으로 말한 바와 같이, "교회는 장소와 몸이 없이 존재하지 않는다. 하지만 장소와 몸은 교회가 아니며 교회에 속한 것도 아니다."26

보이는 교회와 보이지 않는 교회의 구별은 궁극적으로는 어거스틴에게 의존하는 것이지만, 다소 서로 다른 세밀한 차이를 가지고 있음에도 불구하고, 모든 권위있는 종교개혁자들에게 공통적인 것이다. 예를 들어, 멜랑히톤은 아우그스부르크 신앙고백서의 7항과 8항에서 또는 아우그스부르크 신앙고백서의

---

26 Luther, *Ad librum ... Ambrosii Catharini ... responsio* (1521), WA 7: 2-4: "Ita sine loco et corpore non est Ecclesia, et tamen corpus et locus non sunt Ecclesia neque ad eam pertinent." See Dorothea Wendebourg, "Kirche," in *Luther Handbuch*, ed. Albrecht Beutel (Tübingen: Mohr Siebeck, 2005), 403-14; David Daniel, "Luther on the Church," in *Oxford Handbook of Martin Luther's Theology*, Chap. 23.

변증서에서 이 용어들을 사용하지 않고 있음에도 불구하고, 교회에 대한 그의 묘사는 다른 종교개혁자들이 보이는 교회와 보이지 않는 교회라고 간명하게 일컫는 것과 일치한다. 찰즈 5세에게 제출한 자신의 『신앙 진술서』(An Account of the Faith, 1530)에서, 그리고 1531년에 프란시스 1세에게 전달한 『기독교 신앙 강설』(An Exposition of the Christian Faith)에서, 쯔빙글리는 교회의 두 측면을 주장하는데, 하나는 보이지 않으며, 영적이며 신비한 측면이고, 다른 하나는 보이는, 지상의, 식별할 수 있는 측면이다. 부써가 사용한 보이는 교회와 보이지 않는 교회의 개념은 스트라스부르크 종교개혁에 있어 대단히 중요하였다. 불링거는 승리한 교회와 전투하는 교회를 구별하였다. 그러나 그는 주장하기를 후자는 두 가지 방식으로 생각될 수 있다고 하였다: 하나는 신경에서 고백하는 "내적이며 보이지 않는 하나님의 교회"이며, 다른 하나는 참 신자가 아닌 자들을 포함하는, 신앙을 고백한 교인들의 "외적이며 보이는 교회"이다. 칼빈은 참 신자들의 보이지 않는, 거룩하며 영적인 모임으로서의 교회와 고백 교인들의 보이는, 지상의 불완전한 연대로서의 교회라는 두 가지 성격을 분명하게 인식하고 있었다.27 그러므로 이 구별을 두 개의 교회들이 있다는 의미로 오해를 해서는 안 된다. 그것이 아니라, 하나의 교회가 동시에 보이지

---

27 Theodore G. Tappert, ed., *The Book of Concord: The Confessions of the Evangelical Lutheran Church* (Philadelphia: Fortress Press, 1959), 169; Zwingli, *Expositio Fidei* (1531), Z 6/5: 108.10-110.9; Engl: ZLW 2: 260-1; Bullinger, *Decades*, 3: 742-743; Bucer, BDS 2: 111-15; Calvin, *Institutes*, 4.1.2-3.

않는 교회이면서 또한 보이는 교회이며, 신적인 성격을 가지면서 또한 인간적인 성격을 갖는다. 보이지 않는 교회는, 보이지 않는 교회의 표지들을, 비록 불완전하게나마, 보여주는, 보이는 교회를 통해서 지상에서 드러난다. 종교개혁자들은 두 가지 측면들이 전적으로 구별이 되어야 하며 결코 혼동되어서는 안 된다는 것을 강하게 주장하였다. 그러나 동시에 그 구별이 분리를 결과하지 않는다는 것을 강조하였다.

만일 교회가 보이면서도 또한 보이지 않는다면, 참 교회를 무슨 표지로 구별할 수가 있는 것일까? 루터는 이 주제에 대하여 체계적이며 일관된 교리를 자세히 설명하지는 않았지만, 두 개의 특별한, 가장 확실한 표지 또는 상징을 제시하였다. 그것들은 세례와 성찬의 성례이며, 무엇보다도 복음이다. 루터는 그것들을 "단 하나의, 가장 확실하고 가장 고상한 상징"으로, 실로 "교회의 전(全) 생명이며 실체"로 간주하였다.28 루터파 교회들의 근본적인 문서인, 1530년의 『아우스부르크 신앙고백서』는 교회를 가리켜, '복음이 순수하게 가르쳐지고'(*evnagelium pure docetur*) 또한 '성례들이 바르게 [즉 복음을 따라서] 실행이 되는'(*recte sacramenta administrantur*), '성도의 모임'(*congregatio sanctrum*)으로 표현을 분명하게 하였다.

---

28 Luther, *Ad librum* [...] *Ambrosii Catharini*, WA 7: 721.9-13: "Euangelium enim prae pane et Baptismo unicum, certissimum et nobilissimum Ecclesiae symbolum est [...], breviter, tota vita et substantia Ecclesiae est in verbo dei."(복음은, 빵과 세례보다, 교회의 단 하나의, 가장 확실하고 가장 고상한 상징이다 ... 하나님의 말씀 안에 있는 그것은 교회의 전(全) 생명이며 실체이다.)

이 유명한 정의는 스위스 종교개혁자들에게 강한 영향을 미쳤다. 1534년의 『바젤 신앙고백서』, 1536/1537년의 『제네바 신앙고백서』, (1536년과 1566년의) 『제1 스위스 신앙고백서』 그리고 『제2 스위스 신앙고백서』, 1552/1553년의 『라에티안 신앙고백서』는 모두 이심전심으로 그것을 받아들여 인정을 하였다. 두 가지 수정사항들은 주목할 가치가 있다. 불링거는 외적인 표지들과 내적인 표지들을 구별하면서, 후자는 오직 참된 신자에게만 속한 것으로 구별하였다. 그것들은 "주님의 영의 교통이며, 진실한 신앙이며 또한 이중적 사랑"이다.[29] 칼빈에게는 복음의 선포가 교회의 표지라고 진술하는 것으로는 충분하지 않았다. 그래서 그는 아우구스부르크의 정의를 다음과 같이 바꾸어 표현했다:

> 하나님의 말씀이 순수하게 선포되고 경청이 이루어지는 곳, 그리고 성례가 그리스도께서 제정하신 바에 따라서 집행이 되는 곳, 그 곳에 의심할 여지가 없이 하나님의 교회가 존재한다.[30]

추가된 부분은 사람들이 실제로 선포된 복음을 듣고 이것을 개인적으로 그리고 전체적으로 자신의 생활에 적용하는 일의 중요성을 강조한다.

종교개혁자들은 그들이 제시한 교회의 표지들에 대한 이해

---

[29] Bullinger, *Decades*, 3: 751.22-28. W. Peter Stephens, "The Understanding of the Church in Heinrich Bullinger's Theology," *Zwingliana* 41 (2014), 57-84를 참조할 것.

[30] Calvin, *Institutes* 4.1.9.

를 두 가지 방향에 맞서서 옹호하였다: 하나는 계급적인 카톨릭주의이며 다른 하나는 급진적인 배타주의이다. 종교개혁자들은 신경의 "하나의 거룩한 보편적인 사도적 교회"에서 이탈하였다는 비난을 강하게 거부하였다. 그들은 주장하기를 특정한 교회적 구조나 관행들에게서 물러나는 것은 이전 교회를 조각내거나 새 교회를 세우는 것, 곧 분리로 이해되어서는 안 되며, 오히려 원시적 단계에 있는 교회의 필요한 개혁으로 이해되어야 한다고 하였다. 동시에 죄인들과 성도들의 혼합된 몸(*corpus permixtum*)으로 교회를 바라보는 어거스틴의 이해의 수용을 통해서, 그들은 "개혁되지 않은"(unreformed) 로마 교회라는 양면적인 평가를 확정했다. 그들이 "적 그리스도의 배도한 교회" 또는 "단 하나의 거룩한 보편적이며 사도적인 교회로 불리기를 원하는 "바벨론의 매춘부"를 비판하는 역사적이며, 신학적이며, 당대의 논쟁을 펼칠 때, 그들이 사용한 언어보다 더 비꼬는 말은 없었을 것이다.

그러나, 하나님께서 만드신 교회는 항상 존재하여 왔다는 것을 그들에게 들려줄 필요는 없었다. 교회의 원래 모습은 역사가 진행되는 가운데 어그러졌다. 그러나 이제 하나님께서는 그의 말씀을 움직이셔서 그의 교회를 정결케 하시고 교회 안에 새로운 생명을 주입하셨다. 이로 인하여, 그들은 로마 교회가 완전히 파괴된 것은 아니라는 점을 인정할 준비를 갖추게 되었다.

루터는 그의 갈라디아 주석에서 이르기를, "비록 로마가 소돔보다도 더욱 타락하였음에도 불구하고, 여전히 세례, 설교, 복음의 소리, 성경, 사역, 그리고 그리스도의 이름과 하나님의

이름이 로마에는 남아 있다."고 하였다.31

다른 한편, 종교개혁자들은 또한 교회가 기꺼이 제자도의 삶을 포용을 하고 죄인들과는 전혀 상관이 없는 중생한 자들로만 구성이 된다고 본 재침례파의 교회관을 배격하였다. 완전함을 향한 열성이라는 미명아래, 어쨌든 성경이 가르쳐지고 있는 불완전한 교회로부터의 분리를 그들은 인정하지 않았다. 세례를 받은 후에 짓는 죄를 용서받지 못할 죄로 여기고, 윤리적 기준에 미치지 못하는 자들을 교제에서 제외시켰던 재침례파의 윤리적 엄격함에 대한 반응으로, 종교개혁자들은 다시 교회를 죄인들과 성도들로 함께 구성이 된, 혼합된 몸(corpus permixtum)으로 보는 어거스틴의 교회관에 호소를 하였다. 함께 뿌려지고 나서 추수 날이 되어서야 분리가 되는 알곡과 가라지의 비유(마 13:24-30), 또는 각종 물고기가 잡히지만 해변에 올려지고 나서야 분리가 되는 그물 비유(마 13:47-50)를 인용하면서, 종교개혁자들은 주장하기를 교회는 심판 날에 이를 때까지 여전히 불완전한 상태로 있게 될 것이며, 그러므로 그것을 전혀 흠이 없는 것으로 보는 것은 헛된 일이라고 하였다. 요컨대, 종교개혁자들은 급진주의자들의 강요된 순수성에 대해서 완강하게 반대를 하였으며, 말씀의 설교와 권징의 실행을 통해서, 율법폐기론과 율법주의 사이의 중간 길로 나아갔던 것이다. (*)

---

31 Luther, *Ad Galatas commentarius*, WA 40/1: 69.5-7:" manent in Romana urbe, quamquam Sodoma peiore, baptismus, vox Euangelii, textus, sacra scriptura, ministeria, nomen Christi, dei."

제2장[1]
스위스 종교개혁의 신학적 개요(Ⅱ) - 차별성

지금까지는 스위스 종교개혁과 루터파가 서로 공유한 유사점들을 확인했다. 이제는 스위스 종교개혁이 신학적으로 차별화되는 측면들을 탐구해 보도록 하겠다. 오랫동안 계속해서 영향력을 끼친 세 가지 주요한 특징들이 존재한다. 그것은 교회정부와 치리에 관한 새로운 이해, 성례신학, 그리고 언약신학이다.

1. 교회정부와 치리

취리히의 종교개혁자들은 개혁주의 전통에 새로운 조직체, 곧 그들이 "총회"(혹은 노회 synod)라고 불렀던 것을 유산으로 남겨 놓았다. 그것은 고대의 지역 및 주교구 성직자 회의의 방식을 따른 것이었다. 중세시대에는 공의회 통치와 교회개혁 사이에 밀접한 연관성이 형성되었다. 특히 콘스탄스 관구 내에서 그러했는데요, 취리히 교회 관할권은 콘스탄스 관구에 소속되어 있었다.

---

[1] 제2장의 번역자는 안상혁 교수(합동신학대학원 교회사)이다.

그런데 취리히 개혁교회 안에서 개혁교회를 위해 봉사하는 '총회'는 중세의 그것과는 사뭇 다른 것이었다. 총회를 정의하자면, 그것은 정기적이지만 드문 간격을 두고 회집되는 일종의 공적인 성직자 회의체이다. 취리히에서 총회는 일 년에 두 차례 개최되었다. 성직자와 시의회의 대표들--시장과 시의회 최고 서기를 포함하는--이 다 함께 참여했다는 특징이 있다. 아울러, 교구 교회들에게는 그들의 평신도 대표를 파송하도록 요청하였다. 이 회의체의 목적은 교회의 일반적인 제반업무에 영향을 미치는 일체의 사항들에 대한 법제적 권한과 치리를 행사하고, 성직자들의 생활과 설교를 조절/통제하기 위함이었다. 쯔빙글리와 불링거에 의해 효과적으로 발전된 취리히의 총회는 다른 지역들을 위한 일종의 모델이 되었다. 곧 베른, 생갈렌, 바젤, 샤프트하우젠, 세 지역 연합(오늘날 그리종/그라우뷘덴 주), 또한 스위스 연방의 경계를 훨씬 넘어 다른 개혁 교회들을 위한 모델이 되었다.

총회의 구성을 보면 의심할 여지없이 도시민, 교육 받은 시민과 글을 읽고 쓸 줄 아는 장인들의 자신감을 반영하고 있었다. 그들은 독립적인 그들 자신의 정치적 전통을 소유했고, 특히 관료들은 교회의 제반사항들에 대해 광범한 영향력을 행사할 수 있었다. 그렇다고 해서 이것이 다음의 사실을 가려서는 안 된다. 즉 취리히 안에서 총회를 기초한 동기는 본질적으로 신학적인 것이라는 사실이다. 총회를 구성하는 것의 주축이 되는 개념은 바로 만인제사장 (모든 신자가 곧 제사장임) 개념과 개혁주의적 교회사역의 교리였다. 신학적으로 볼 때 평신도가 교회 개혁의 일에 참여하는 것은 합당한 것이었다. 또한 목회직분의 중요성과 권위에 대한 관심과도 온전하게 양립될 수 있는 것이었다. 그러나 이 새로운 기관의 특징을 온전하게 이해하기 위해서는 성경 안에서 변증법적으로 표현되고 기독교 전통에서 반복되어 온 관계, 곧 영과 육, 속사람과 겉사람, 땅의 도성과 천상의 도시, 하나님 왕국과 세상 왕국 사이의 관계를 반드시 고려해야만 한다. 루터와 그의 추종자들은 양극에서 서로 대립하는 이 주제들을 "두 왕국론"이라는 광범한 범주 아래에서 고군분투하며 다루었다. 여기서는 『두 왕국론의 미로』(요하네스 헥켈) 안으로 들어가지는 않을 것이다. 그러나 다음의 사실을 기억하는 것은 매우 중요하다. 루터에게 있어 두 왕국, 혹은 각각 영적이고 세속적인 두 영역은 모두 하나님에 의해 정해진 것이라는 것과 인간 존재를 위해 필요한 것이다. 그럼에도 두 왕국은 그 목적과 성격에 있어 완전히 구분된다. 전자[영적 왕국]은 그리스도와 신자들의 영혼 사이의 관계성에 관한 것인 반면, 후자[세상 왕국]은 보편적인 인간에 적용되는 것이며 외면적인 평화와 정의를 유지하는 것에 관련된다. 더욱이, 루터에게 있어서는 두 영역을 반드시 서로 구분지어야 하며 혼동하지 않는 것이 매우 중요하다.

스위스 종교개혁자 둘만을 언급한다면 쯔빙글리와 불링거 모두 그들의 신학을 두 왕국론의 틀 안에 담아내지 않았다. 쯔빙글리는 그의 논문 "하나님과 인간의 의"에서 영적인 영역과 세속의 영역을 구분하였는데 마치 두 왕국론과 일치하는 듯 보인다. 그러나 사실은 루터의 견해와 오히려 대조적이라고 말할 수 있다. 왜냐하면 쯔빙글리는 두 종류의 정의 사이에 존재하는 구분보다는 오히려 연결점을 강조하기 때문이다. 쯔빙글리는 주장한다. 하나님의 의는 오로지 속사람에 관심을 두며 영적인 영역에 관계한다. 본질상 그것은 하나님의 의지와 온전히 일치한다. 하나님의 의를 얻는 것은 오로지 하나님의 은혜를 통해서만 가능하며 그것의 순종 여부는 오로지 하나님께서 판단하신다. 인간의 의는 오로지 겉사람에 속한 것이며 시민 정부의 관할권 아래에 있는 세속 영역에 관계한다. 그것은 순전히 외적인 의다. 그것은 인간 법의 명령에 따르는 것과 악한 행위를 금하는 것으로 구성된다. 언뜻 보면 이것은 루터의 사상과 유사한 것으로 보인다. 두 개혁가 사이에 쟁점이 되고 날카로운 대조를 이루는 핵심은 쯔빙글리가 몇 차례 선언한 진술에서 잘 드러난다. 그는 인간의 의라는 것은 불완전하기 때문에 모든 측면에서 하나님의 의에 "가능한 한 근접시켜야 한다" (*zum nächsten inen möglich sye*)고 말했다.[2] 이렇게 주장함을 통해 쯔빙글리는 두 종류의 의 사이에 존재하는 상호관련성을 그가 선호한다는 사실과 그의 견해가 루터-두 영역을 혼잡케 하는 것을 주로 개탄했던-와 얼마나 떨어져 있는지를 잘 드러냈다. 암브로시우스 블라러에게 보낸 서한에서 쯔빙글리는 틀림없이

---

[2] Zwingli, *Von göttlicher und menschlicher Gerechtigkeit* (1523), Z 2: 458-525; Engl.: *HZW* 2: 3-41. 특히 다음을 보라. Z 2: 520.11-13, 또한 피터 블리켈과 베른트 햄의 설명을 참조하라. Peter Blickle, *Communal Reformation: The Quest for Salvation in Sixteenth-Century Germany* (Atlantic Highlands, NJ: Humanities Press International, 1992), 154-59; Berndt Hamm, *Zwinglis Reformation der Freiheit* (Neukirchen-Vluyn: Neukirchener Verlag, 1988), 100-22.

루터를 겨냥하며 다음과 같이 글을 썼다. "그리스도의 왕국은 또한 외면적이 되어야만 한다." 이것은 그리스도의 왕국이 또한 세속 사회의 질서에까지 적용되어야함을 의미하는 것이었다.³ 그의 예레미야 주석에서 쯔빙글리는 더욱 분명하게 주장했다.

> 기독교인이란 신실하고 선한 시민과 결코 다른 것이 아니다. 또한 기독교인의 도시는 기독교 교회와 다른 것이 아니다.⁴

불링거는 비텐베르그와 취리히 사이의 간극을 더욱 벌어지게 만드는 것으로 보인다. 데카데스(*Decades*) 제4권의 일곱 번째 설교에서 불링거는 이 이슈를 매우 길게 다룬다. 불링거는 두 왕국이 따로 존재하는 것이 아니라 하나의 왕국이 존재하며 그것은 하나님의 통치 안에서 여러 측면들의 다양성과 참으로 다양한 질서를 하나로 통합한다고 주장했다. "이 하나님의 왕국은 (불링거는 주장한다) 진실로 또한 오로지 하나이다. 오직 한 분 하나님만이 계시기 때문이다. 오직 한 왕 그리스도가 계실뿐이며, 하나의 교회와 하나의 영원한 생명이 존재하기 때문이다."⁵ 그러나 불링거가 이처럼 하나님의 주권에 대해 강력

---

³ *Zwingli to Ambrosius Blarer*, 4 May 1528, Z 9: 451- 67: 454.14: "Christi Regnum etiam esse externum."

⁴ Zwingli, *Complanationis Jeremiae* (1531), Z 14: 424.19-22: "ut iam dixisse olim non paeniteat, Christianum hominem nihil aliud esse quam fidelem ac bonum civem, urbem Christianam nihil quam ecclesiam Christianam esse." (내가 이미 후회 없이 말한 바, 크리스천이란 선하고 신실한 시민과 다름 아니다. 또한 기독교 도시란 기독교 교회와 다름 아닌 것이다)

⁵ Bullinger, *Decades*, 3: 648.5-6: "Et hoc quidem regnum dei unicum est. Nam unus modo deus, unus duntaxat rex Christus, una ecclesia et vita

하게 확언한 것은 다음 사실을 의도한 것은 아니다. 즉 하나님의 왕국이 오로지 비물질적인 실체에만 관심을 두고 있다는 사실을 의미하지 않는다. 실제로 불링거는 곧이어 이 "단일한 왕국"이 천상에 속한 영광의 왕국(regnum gloriae coeleste)은 물론 지상에 속한 은혜의 왕국(regnum gratiae terrenum)까지 모두 포괄한다고 말한다.6 비록 불링거가 이런 식의 제한을 두었지만 그럼에도 그의 진술은 다른 관주도적 종교개혁가들의 이원적인 견해에 비해 완전히 단일한 차원의 왕국론으로 들립니다. 특히 중세적인 개념에 매우 근접한 것으로 보인다. 중세개념에 따르면 신적인 기원을 갖는 두 개의 질서가 단일한 계서제적 관계 안에서 하나로 존재한다. 그러나 불링거의 의도는 두 영역 혹은 인간 삶의 두 가지 차원을 —하나님과의 수직적 관계와 다른 피조물과의 수평적 관계를— 부정하려는 것이 아니다. 불링거의 의도는 루터보다 기독론적인 통일성과 소위 "두 왕국"의 통합을 더욱 강조하려는데 있다. 두 왕국은 총체적으로 단일하기 때문에 그 안에서 서로 다른 두 종류의 주권과 두 개의 '의'가 존재할 수 없다고 불링거는 간주하는 것이다.

영적 영역과 세속 영역의 관계에 대한 쯔빙글리와 불링거의 이해는 교회와 시민 공동체의 상호작용을 결정짓는 데 있어 중요한 방향을 제시하는 지도를 작성했다. 쯔빙글리와 불링거에게 있어, 교회와 시민공화국은 서로 다른, 곧 근본적으로 다른

aeterna est." Engl: *Decades* 2: 276. 한글번역은 본문을 보라.
6 *HBTS* 3: 648:10-12. Engl: *Decades* 2: 276.

원리에 각각 기초하고 있는 완전히 다른, 실체가 아니다. 오히려 양자는 동일한 실체의 두 요소라고 말할 수 있다. 비록 각자의 업무는 서로 분리되어 있지만, 두 영역은 서로 분가분리의 관계이며 동일한 "의"의 모델에 의존하고 있다. 이러한 개념이 가지고 있는 핵심적인 하나의 측면은 교회의 사역과 관료의 기능 사이의 구분을 확실히 한다는 것이다. 두 영역이 상호 관련되어 있다는 사실에 근거해서 관료들은 시민공동체의 안녕을 돌볼 의무가 있는 동시에 참 종교를 보호하고 함양할(cura) 의무를 가진다.7 불링거는 하나님 앞에서 그들의 특별한 책임을 부각시키기 위하여 그들에게 심저어 '신들'(Elohim)이라는 명칭을 주었다.8 또한 똑같은 이유로 그는 설교자들에게도 정치 공동체와 관료들을 감독하는 선지자적 직임이라고 할 수 있는 일종의

---

7 *HBTS* 3: 188-200; Engl: *Decades* 2, 323-344. 커비의 다음 저작을 보라. Torrance Kirby, "The Civil Magistrate and the 'cura religionis'. Heinrich Bullinger's prophetical office and the English Reformation," in *HBLTI*, 2: 934-950.

8 Heinrich Bullinger, *Anklag und ernstliches ermanen Gottes Allmächtigen zuo eyner gemeynenn Eydgnoschafft* [n.p., 1525/1528?, HBBl 1, No.3], f. Ajjjjr :"Jr soltend Elohim (das ist Goetter) sin / mine statthalter in gricht unnd gerechtigkeyt." idem., *Decades*, *HBTS* 3: 568.15-18 (Engl: 2, 134): "Porro plurativam vocem 'Elohim' scriptura non tantum deo tribuit, sed et angelis et iudicibus seu primariis viris, utpote quibus in officio ab ipso instituto laborantibus praesens adsit et per ipsos operetur, quae vult, hominibusque salutaria sunt." (성경은 복수의 의미를 갖는 '엘로힘'[신들]이라는 단어를 하나님에게만 아니라 천사들과 판사들 또는 인간 지도자들을 지칭할 때도 사용한다. 곧 하나님에 의해 세워진 관직에서 봉사하면서 또한 그들을 통하여 하나님이 원하시는 바를 이루어내는 유익한 자들이다) 다음을 보라. Campi, *Patterns*, 52-55; idem, "Bullingers Rechts- und Staatsdenken," in *Evangelische Theologie* 64 (2004), 116-126.

파수꾼 직 (*Wächteramt*) 을 맡기는 것에 아무런 문제가 없다고 생각했다. 공화국과 교회 사이는 마치 몸과 영혼과도 같이 분리불가의 관계이기 때문에 이에 따라 관료와 교회사역직분 사이에 상호 담당해야하는 의무도 존재했다. 두 종교개혁가의 신학 속에 암시되어있던 내용은 취리히 총회의 구성 안에서 이제 명시적으로 드러났다. 수년 후 베른에서 볼프강 무스쿨르스는 이와 매우 유사한 방식으로 관료의 의무와 책임을 가르쳤다. 그것은 종교를 돌보는 의무를 포함했다. 물론 그 권력이 무제한적이라거나 절대적인 것은 아니었다. 관료가 이 임무에 실패할 경우, 그것은 성직자와 백성의 장로들에게로 넘겨졌다.[9]

종교와 세속 영역 사이의 이러한 상호 관련성은 교회의 치리를 행사하는 데 있어 이론적 기초가 된다.[10] 제네바의 종교개혁과 대조적으로 스위스(취리히) 종교개혁은 독자적인 교회의 권징을 발전시키기를 꺼려하고 그것을 완전히 ―혹은 매우 큰 부분을― 세속 권력에 맡겨버렸다고 말하는 것은 이제 거의 당연한 것이 되었다. 사실상 권징의 영역에서 교회의 자율성을 처음으로 주장한 사람은 칼빈이 아니라 바젤의 종교개혁가 외콜람파디우스였다.[11] 외콜람파디우스는 사람을 경건으로 나아가도록 촉

---

[9] Ballor, *Covenant*, 183-194.
[10] 견실한 논의와 다양한 언어로 구성된 서지사항을 위해서는 다음을 참조하라. Jordan Ballor and W. Bradford Littlejohn, "European Calvinism: Church Discipline," in *European History* Online, Leibniz Institute of European History, Mainz 2013-03-25. URL: http://www.ieg-ego.eu/ballorj-littlejohnw-2013-enURN:urn:nbn:de:0159-2013032507 [2015-08M-22].

구하는 수단으로서 수찬정지를 포함하는 교회 권징이 절대적으로 필요하다고 확신하였다. 그의 생각이 반영된 1529년 4월의 교회개혁 법령은 취리히의 쯔빙글리에 의해 채택된 모델을 따라 대략 일 년에 한 번씩 총회를 개최하도록 규정하였다. 그런데 이 법령은 관료에 의해 부과되는 시민적 형벌과는 구분되는 교회의 권징을 추가적으로 도입했다. 그 규정에 따르면 죄인들은 수찬정지를 받기 전에 "형제의 권계"를 받도록 되어 있었다. 이 중요한 행위를 행사하는 권위를 전적으로 교구 목사들과 집사들에게 위임한 것이다.12 그러나 곧이어 시정부는 이러한 권리주장에 대해 이의를 제기했다. 시정부는 목회자들에 의한 독재의 가능성을 우려했다. 이 문제는 1530년 5월 시의회에서 행한 외콜람파디우스의 기념비적인 연설 —수찬정지 개혁에 관한 연설13— 속에서 다시 한 번 쟁점이 되었다. 여기서 그는 수찬정지를 재도입할 것에 대한 필요성을 주장했다. 또한 상세한 권징 시스템을 제안했다. 외콜람파디우스에 따르면 교회의

---

11 Olaf Kuhr, *Die Macht des Bannes und der Busse: Kirchenzucht und Erneuerung der Kirche bei Johannes Oekolampad (1482-1531)* (Bern: Lang, 1999); Burnett, *Teaching the Reformation*, 67-77; Reinhold Friedrich, "Kirchenzucht und-bann vor dem Hintergrund des Briefwechsels Bucers mit den Basler Predigern im Jahr 1532", in *Basel als Zentrum des geistigen Austauschs in der frühen Reformation*, eds. Christine Christ-von Wedel, et al. (Tübingen: Mohr Siebeck, 2014), 193-202. (이하 Basel)

12 텍스트 인용은 다음을 보라. *Basler Kirchenordnungen 1528-1675.*, eds. Campi, Emidio and Philipp Wälchli (Zurich: TVZ, 2012),13-42, no.3, here 25, 32-34.

13 텍스트 인용은 다음을 보라. *Briefe und Akten zum Leben Oekolampads, zum vierhundertjährigen Jubiläum der Basler Reformation*, ed. Staeheli Ernst., 2 vols. (Leipzig: Heinsius, 1927-34), 2: 448- 61, no.750

권징과 관련해서는 성직자가 모든 책임을 떠맡아서는 안 되었다. 평신도가 함께 구성원으로 참여하여 성직자와 평신도가 함께 전체 교회를 대신하여 권징을 행해야 했다. 이 목적을 위해 그는 12명으로 구성된 재판위원회(Bannherren)를 창설할 것을 제안했는데 그 구성원은 목회자와 평신도로 구성되며 그 가운데 4명은 시의회의 의원으로 구성할 것을 제안했다. 그러나 바젤의 시관료들은 교회로 하여금 치리권을 행사하도록 허락하는 것을 꺼려했다. 그들은 다른 스위스의 도시들 안에서도 그들의 입장에 동조하는 동지들을 발견했다.

결국 자율적인 교회의 치리권을 추구했던 외콜람파디우스의 시도가 바젤에서는 실패했지만 스트라스부르크에서는 부처에 의해 성공적으로 시도되었다.[14] 또한 취리히에서 쯔빙글리의 가장 가까운 동역자이자 제자였던 레오 유트, 이 중요한 인물이 기대하지 않았었는데 입장을 바꾸어 그 입장을 지지했다. 제2차 카펠 전투에서 패한 것은 비록 일시적이긴 하지만 교회정치에 관한 그의 견해를 극적으로 변화시켰다. 그는 취리히 교회를 시의회의 지도권으로부터 해방시키고자 원했다. 1532년 3월 불링거와 주고받은 서한은 매우 감동적이다. 왜냐하면 그것은 서로 다른 견해를 가진 두 사람의 관계가 점차 하나로 발전하여 가까운 협력 관계를 이루고 한 걸음 더 나아가 우정의 관계로 변모해가는 과정을 보여주기 때문이다.[15] 하지만 동시에 그 서

---

[14] Amy Nelson Burnett, *The Yoke of Christ: Martin Bucer and Church Discipline* (Kirksville, Mo: Sixteenth Century Journal Publishers, 1994).

한은 스위스 종교개혁사의 흥미로운 장을 보여주기도 한다. 그 중요성은 당장의 논쟁을 훨씬 넘어가는 영향력을 미쳤다. 유트는, 자율적인 교회의 치리와 정교분리의 도입을 위해서, 핵심적으로 취리히 교회의 법률적이며 재정적인 특권을 폐지할 것을 주장했다. 불링거는 그에게 (정부에 의한) 설립교회가 가지고 있는 유익들과 (반면) 정교분리가 초래할 불이익을 상기시켜주었다. 불링거는 또한 정교분리는 공공 생활에서 교정이 필요한 부분을 그저 공백상태로 남겨두는 결과를 초래할 것이라고 주장했다. 더욱이 불링거는 쯔빙글리의 권위에 의존하여 입장을 분명히 하기를, 교회의 수찬정지권은 기독교 관료들의 수중에 두는 것이 온당하다고 주장했다. 왜냐하면 그것은 고유하게 공공의 행위에 관련되어 있기 때문이라는 것이었다. 레오 유트는 다음의 사실을 분명히 했다. 비록 그는 새로 선출된 [취리히 교회의] 의장 [불링거]의 주장에 의해 설득되지는 않았지만 그럼에도 유트는 그를 도와 1532년 교회 법령을 기초했다. 이것은 교회 안에서 권징을 부과하는 데 있어 관료가 결정적으로 역할하도록 규정한다. 교회와 국가 사이의 이러한 관계는 1803년까지 지속될 것이었다. 베르너 시노두스 (*Berner Synodus*, 베른 교회회의 신앙고백) — 그 이름에서 암시되어 있듯이 1532년 1월 베른의 교회회의에서 승인된 신앙고백 — 는 쯔빙글리-불링

---

15 Klaus Deppermann, "Schwenckfeld und Leo Jud - ein denkwürdiger Briefwechsel über Nutzen und Nachteil der Staatskirche," in idem, *Protestantische Profile von Luther bis Francke* (Göttingen: Vandenhoeck & Ruprecht, 1992), 65-90. 또한 다음을 참조하라. Heiko A. Oberman, "Europa Afflicta. The Reformation of the Refugees," *ARG* 83 (1992), 91-110.

거의 이론, 곧 교회치리의 상당한 권한을 기독교인 관료의 수중에 두는 견해를 다시 반복한다.16

다음의 사실을 언급할 가치가 있다. 수년 후 취리히에서 베르밀리는 권징과 관련하여 유트보다 더욱 분명하고 강한 입장을 취한다. 베르밀리는 권징을 "형제 교정에 관한 복음적 규칙"이라고 부르며 그것을 교회의 세 번째 표지로 간주한다.17 다른 한편으로 제네바에서 칼빈은 비록 권징을 강조하는 교회론을 추구했지만 그렇다고 해서 개혁주의 전통의 일반적인 노선인 외콜람파디우스, 부처, 유트, 베르밀리 등의 입장을 따르지는 않았다. 칼빈은 교회의 핵심적인 표지가 두 개가 있다는 입장을 고수하면서 표지와 권징을 신중하게 구분한다. 칼빈이 "그리스도의 구원교리"라고 부른 [교회의] 표지는 교회의 생명을 구성한다. 반면에 칼빈은 권징을 몸을 지탱하게 해주는 근육과 비교하면서 권징은 조직체에 귀속되는 것이라고 보았다. 오로지 말씀을 설교하는 것과 성례를 집행하는 것이 교회에게 그리스도의 몸으로서의 성격을 부여한다. 물론 권징 역시 중요하다. 칼빈은 말하기를 권징은 "그리스도의 교리에 저항하는 자들을 제어하고 길들이는 일종의 고삐와 같다"고 설명한다.18

---

16 일부 프린트된 것은 다음에 포함되어 있다. *RBS* 1: 508-548, 본문과 관련된 부분은 다음 페이지이다. 518-520. 다음을 참조하라. Michael Bruening, *Calvinism's First Battleground: Conflict and Reform in the Pays de Vaud, 1528-1559* (Dordrecht: Springer, 2006), 65.

17 Emidio Campi, *Shifting Patterns of Reformed Tradition* (Göttingen: Vandenhoeck & Ruprecht, 2014), 225-37 (이하 *Patterns*).

18 Calvin, *Institutes* 4.12.1.

어쨌든, 교회의 자율적인 권징을 추구하는 시도는 스위스 개혁교회 안에서 좌절을 맛보게 된다. 유일한 예외였던 바젤과 세 지역 연합(오늘날 그리종/그라우뷘덴 주)의 몇 비국교파주의자의 목소리를 제외하고는 취리히와 베른의 견해가 지배적이었다. 총회와 권징을 담당하는 교회의 다른 기구들은 이와 관련된 정보와 안내를 제공하고 세속관료는 그것을 적용해야 했다. 교회와 관료 사이의 공조를 적용하는 데 있어서는 장소와 상황에 따라 상당히 큰 다양성이 존재했다. 일반적으로 말해서 양자사이의 반복되는 불화의 가능성과 함께 광범한 영역에서의 일치도 존재했다. 공식적으로 교회는 불평할 아무 이유가 없었다. 교회들은 자발적으로 권징을 행사하는 권리를 세속관료에게 넘겨주었다. 더욱이 성직자와 평신도를 치리하는 공동의 과업 안에서 교회와 시의회는 효율적인 체계를 발전시켰으며 그것은 상당한 성공을 거두었다.[19]

이 모델은 확실히 재세례파의 견해, 곧 기독교 공동체는 세속적인 영역으로부터 완전히 분리되어야 한다거나 혹은 각 신자는 모든 공직으로부터 분리되어야 한다는 견해를 분명하게 거절했다. 개혁교회에게 있어 더욱 중요한 사실은 교회가 그 자신의 사역을 처리하는 데 있어 교회의 독립성을 추구했던 칼빈의 노력과 비교해 보는 일이다. 참으로 1536년 베른이 [스위스의] 보(Vaud)를 점령한 이후에 그 지역은 앞서 소개한 교회-국가

---

[19] Bruce Gordon, *Clerical Discipline and the Rural Reformation. The Synod in Zürich, 1532-1580* (Bern: Peter Lang, 1992), 211 (이하 *Discipline*).

관계 문제와 관련하여 두 개의 서로 모순되는 개념들 사이의 각축장이 되었다. 또한 교회의 권징과 관련하여 비슷한 갈등이 1560년대 팔츠 지역에서도 일어났다.

분명하게도 칼빈의 견해가 신약 성경의 맥락 안에서 볼 때 좀 더 성경적이라고 말할 수 있다. 또한 구약의 왕권의 패턴에 기초한 교회-국가의 상호 관계의 모델보다는 덜 위험하다고 볼 수 있다. 결국 칼빈의 모델이 영적으로나 정치적으로 더욱 큰 영향력을 미치게 된다. 스위스의 종교개혁가들은 교회에 대한 정치적 후견/감독의 위험성이나 혹은 성직자의 신정정치의 위험성을 그다지 크게 인식하지는 못한 것으로 보인다. 그러나 주목해야할 사실이 있다. 교회의 치리권을 관료들에게 넘겼다고 해서 이것이 그들의 탁월한 대표자였던 하인리히 불링거로 하여금 세속 관료과 성직자들의 역량을 그 원칙과 실천에 있어 서로 구분짓도록 하는 것을 방해하지는 못했다는 것이다. [취리히 교회의] 의장으로서 불링거는, 소위 "경건한 관료들"의 간섭으로부터 교회의 자율성을 보존하려 애쓰면서, 세속관료들에게 참 종교를 보호/함양할 책임을 각인시켰다. 더욱이 불링거에 의해 만들어진 특이한 관습으로서 [교회 의장이] 시정부에 대한 정책질의(Fürträge)--일종의 공적인 문서 형태로 이루어지는 제도로서 취리히에서 17세기까지 지속됨--를 했던 관습은 불링거에게 있어 성직자의 직분은 세속관료들에 대해 단순히 좋게만 대하거나 친절한 것 이상의 역할을 담당했음을 증거하고 있다.[20]

2. 성례 신학

스위스 종교개혁은 특정한 형태의 성례신학을 위한 모판이 되었다. 이것은 한 사람의 관점이 무엇이냐에 따라 그 가치를 인정받기도 하고 반대로 비난을 받기도 한다. 이것이 "무로부터의 창조"가 아니라 보다 큰 사상의 흐름--곧 16세기의 처음 20년 동안 성경적 인문주의자들의 연구로 일어나고 발전했으며 중세 말 난해한 스콜라신학체계에 저항하며 교부들의 신학으로의 회귀를 주장한 사조--의 일부였다고 말하는 것은 그것[스위스 성례신학]의 새로움을 결코 폄하하는 것이 아니다. 성례에 대한 매우 새로운 이해가 발전하는 데 있어 호의적인 문화적 환경이 다른 지역들보다는 바젤, 취리히, 스트라스부르크에서 조성되었다. 스위스와 라인 북쪽 지역의 종교개혁가들은 성례에 관한 로마 교회의 가르침과 관행을 거절함에 있어서 비텐베르그로부터 일정한 영향을 받은 것이 사실이다. 그러나 이들에게 실젤적으로 이론적인 영향력을 미친 것은 에라스무스 써클로 알려진 지식인들의 모임이었다. 이들의 성례신학은 성경적이며 전통적인 교부신학을 그들 당대의 종교적인 논쟁에 접목시켰다. 에라스무스는 이미 그의 『페라프레이즈』(라틴어 복음서) 와 『그리스도교 군사의 지침서』에서 세례와 성만찬에 대한 상

---

[20] 다음을 보라. Robert M. Kingdon, "La discipline ecclésiastique vue de Zurich et Genève au temps de la réformation: L'usage de Matthieu 18, 15-17 par les réformateurs," *Revue de Théologie et de Philosophie* 133 (2001), 343-55.

징적인 견해를 피력한 바가 있다. 이것은 라인 북부 지역의 개혁가들, 곧 마틴 부처(Martin Bucer), 볼프강 카피토 (Wolfgang Capito), 카스퍼 헤디오(Caspar Hedio), 시몬 그리나 이우스(Simon Grynaeus), 카스파 메간더(Kaspar Megander), 오스왈드 마이코니우스(Oswald Myconius), 외콜람파디우스 (Oecolampadius), 테오드르 비블리안더(Theodore Bibliander), 레오 유트 (Leo Jud), 콘라드 펠리칸 (Konrad Pellikan) 그리 고 쯔빙글리 등이 성례교리를 이해하는 데 있어 매우 결정적인 터닝포인트를 제공했다.21 쯔빙글리의 경우 1524년 하반기 부 터 그는 화란의 법률학자 코르넬리스 호엔의 견해를 적극적으로 지지했는데, 호엔은 성례에 대한 순전한 상직적 이해를 옹호한 사람이다. 1525년 3월, 쯔빙글리는 그의 저서 『참 종교와 거짓 종교에 대한 주석』에서 그 자신의 성찬론을 제시한다. 이제 그는 더 이상 성찬을 제정하는 말씀을 문자적으로 해석하지 않았다: 이것은 나의 몸이다 (is)로 해석하는 대신 일종의 환유 법으로서 비유적인 해석을 시도한다: "이것은 나의 몸을 상징 한다."쯔빙글리에게 있어 성만찬은 예수님의 마지막 비유말 씀에 해당되었다. 따라서 그것은 "신앙의 비유"의 원칙에 따라 해석되어야만 했다. 따라서 성만찬은 감사와 기억하는 음식이었다 (*Dank-und Gedächtnismahl*), 또한 형제애의 애 찬을 확인하는 음식이었다(*Gemeinschaftsmahl*), 십자가의 희

---

21 Christine Christ-von Wedel, *Erasmus of Rotterdam: Advocate of a New Christianity* (Toronto: University of Toronto Press, 2013), Chap. 15, esp. 191-93.

생을 치루신 그리스도에 대한 충성을 맹세하는 음식이었다 (*Pflichtzeichen*). 또한 가장 기본적으로는 믿음을 행사하는 음식이었다. (*contemplatio fidei*) 더욱이 많은 영향력을 미친 동일한 저작 안에서 쯔빙글리는 성만찬이 일종의 은혜의 수단으로서, 그 어떠한 구원론적인 기능을 한다고 보지 않았다. 그러나 이후 1529-30년 사이에 저술된 보다 성숙한 저작들 안에서 쯔빙글리는 성례의 영적인 유효성을 기꺼이 주장하게 된다.22 바젤의 종교개혁가 외콜람파디우스의 경우, 그는 1525년에 출간한 그의 저서 『주님의 말씀, "이것은 내 몸이다"에 대한 진실된 주해』과 다른 출간물들과 더불어 논쟁에 휘말리게 된다. 이러한 그의 학적인 논문들은 성만찬의 요소 안에 그리스도가 실체적으로 임재함을 반박하는 교부들의 중요한 주장들을 토론의 전면에 내세웠다. 물론 이 때문에 그는 루터 및 다른 인문주의 동료들과의 관계가 경직되는 것을 감수해야 했다.23 이와 같은 종류의 생각들은 스위스 연방과 독일 지역에 매우 급속하게 확산되었다. 이러한 상황을 예의주시하고 있었던 루터는 1526년 10월에 『그리스도의 몸과 피의 성례--광신도에게 대항하여』라는 저작을 출간한다. 이것은 『그리스도의 말씀, "이것은 내 몸이다"는 여전히 광신도를 대항하여 굳게 서있다』라는 책을 저술한

---

22 다음을 보라 Stephens, *The Theology of Huldrych Zwingli*, 180-93.

23 Oecolampadius, *De Genuina Verborum Domini, Hoc est corpus meum, iuxta vetustissimos authores, expositione liber* (Basel: Knoblauch 1525). 다음을 보라. Lee Palmer Wandel, *The Eucharist in the Reformation: Incarnation and Liturgy* (Cambridge: Cambridge University Press, 2006), 50-78; Amy Nelson Burnett, "Oekolampads Anteil am frühen Abendmahlsstreit," in *Basel*, ed. Christ-von Wedel, 215-32.

지 일 년 후에 나온 것이다. 루터가 꼽은 "성례를 비방하는 자들" 가운데에는 그의 이전 동료였던 칼슈타트와 그 외에 쯔빙글리와 외콜람파디우스가 있다. 놀랍게도 두 번째 저작이 추된 타겟으로 삼은 사람은 바젤의 종교개혁가였다. 루터 생각에 그 이유는 분명했다. 그가 믿기로, 앞의 세 명 모두는 성만찬에 대한 순전한 상징적 해석을 공유했다. 그러나 그 가운데 외콜람파디우스가 가장 신학적으로 능수능란하게 그것을 표현했기 때문이었다. 오늘날의 학자들은 성만찬에 대한 칼슈타트의 초기 사상이 본질적으로 다른 두 명의 스위스 개혁가들의 가르침과는 차별화 되었다는 사실을 알고 있다. 반면에 쯔빙글리와 외콜람파디우스 사이에는 참으로 상당부분에서 이 주제에 대한 의견일치가 있었다. 유일한 논쟁점이 있다면 바젤과 취리히 사이의 영향관계의 방향에 관한 것이다. 즉 외콜람파디우스가 쯔빙글리로부터 영향을 받은 것이냐, 아니면 그 반대냐 하는 문제이다.[24] 종교개혁 초기, 비텐베르크, 스트라스부르크, 바젤, 취리히 등지에서 널리 읽혀지던 일련의 저서 목록에 젊은 불링거에 의해 작성된 두 개의 얇은 논문 두개가 추가되어야 한다. 그것은 『미사에 관하여』와 『성만찬 제정에 관하여』이다.[25] 22세의 나이로 카펠에서 학교교사로 일했던 불링거는 나름 독자적으

---

[24] Amy Nelson Burnett, *Karlstadt and the Origins of the Eucharistic Controversy: A Study in the Circulation of Ideas* (New York: Oxford University Press, 2011), 91-141; ed.,"Rhetoric and Refutation in Luther's *That These Words Still Stand Firm*," *Lutheran Quarterly* 29 (2015), 284-303.

[25] Bullinger, *De sacrifitio missae* (1524), in *HBTS* 2, 39-40; idem, *De institutione eucharistiae* (1525), in *HBTS* 2, 89-100.

로 성만찬에 대한 쯔빙글리와 외콜람파디우스의 견해에 매우 근접한 생각을 했다. 그러나 불링거의 견해는 순전한 상징설의 견해를 뛰어 넘었다. 따라서 불링거에게 있어 이것들은 단순한 상징이 아니었다. 그것은 구원론적인 중요성을 갖는 것이었다. 구약과 신약 사이의 일치성에 대한 강한 확신을 가지고 있었던 불링거는 이에 기초하여 유월절 식사와 성만찬 모두 계시적인 차원을 －백성으로 하여금 하나님과 맺은 은혜언약을 향해 시선을 이끌도록 하는－ 수반하는 상징적 행위임을 주장했다.

이러한 사실은 왜 『제1 스위스 신앙고백』의 －불링거의 영향 아래 만들어진－ 성만찬에 관한 장에 "신비로운 식사"의 개념이 포함되어 있는지, 또한 외면적인 표지 안에서 그리스도는 교회의 사역을 통해 신자들에게 자신의 몸과 피를 제공하신다는 사실을 불링거가 확언한 까닭을 설명해 준다.26 불링거는 이러한 입장을 1538년에 저술하여 헨리8세에게 헌정한 『성경의 권위』에서도 다시 한 번 반복한다. 또한 1539년에 출판한 기초석의 역할을 한 논문 "성만찬과 미사에 나타난 오류의 기원에 관하여"에서 반복한다. 그리고 1541년과 44년에 작성한 일련의 서한들과 1542년에 출판된 마태복음 주석에서도 같은 입장을 반복한다.27 그러나 가장 분명한 입장을 밝힌 문헌자료

---

26 텍스트 인용은 다음을 보라. RBS 1/2: 33-68, 65.7-8 & 11-14(여기서 인용). 또한 다음을 보라. W. Peter Stephens, "The Sacraments in the Confessions of 1536, 1549, and 1566 - Bullinger's Understanding in the Light of Zwingli," *Zwingliana* 33 (2006), 51-76.

27 비교적 덜 알려진 자료에 대한 상세한 설명에 대해서는 필자의 다음

는 1545년 "취리히교회 성직자들의 정통 신앙고백서"이다. 이 신앙고백은 루터가 1544년에 부당하게도 이단으로 취급하며 소위 "성례주의자들"이라고 명명한 자들을 논박한 소책자를 온건하게 반박하는 문서이다. 취리히 교회의 의장인 불링거는 선한 양심으로 이렇게 진술한다. 성만찬 식사에서 신자는 그리스도의 몸과 피를 진실로 먹고 마신다. 비록 그리스도의 임재가 영적으로 인식된다는 제한점이 있지만 그럼에도 이는 성만찬만으로 제한되는 것이 아니다. 왜냐하면 우리는 그리스도를 입으로 받는 것이 아니라 "믿는 영혼과 더불어" 받기 때문이다. (*geistlicher wyß, unnd mit dem glöubigen gemüt*).[28]

그런데 불링거는 결코 완고한 태도로 이러한 입장을 고수한 것이 아니었다. 1547년에 페이 드보에서 피에르 비레와 안드레 제베대─그리고 각각 양측에 가담한 사람들─사이에서 일어난 생생한 성만찬 논쟁, 그리고 아우구스부르크 가신조 협정 이후 중앙 유럽에서 개신교 진영에게 닥친 위기, 또한 칼빈과의 집중적인 신학사상의 교류 등은 불링거로 하여금 성례신학을 더욱 정교화 하도록 이끌었다. 이 분야에서 가장 큰 성과라고 할 수 있는 것은 『취리히 합의서』를 통해 제네바와 다른 모든 스위스의 교회들 사이의 (초기에 제기되었던 베른과 바젤의 저항을 극복한 후에) 교의적 합의를 이루어 낸 것이다. 이것은 불링거와

저작을 참고하라. *Patterns*, 86-8.

[28] 부분적으로 프린트된 내용은 다음에 포함되어 있다. *Die Bekenntnisschriften der reformierten Kirche*, ed. E. F. Karl Müller (Leipzig: Deichert, 1903; reprint Waltrop, 1999), 153-59, 154. 21-28 (여기서 인용).

칼빈이 1549년 5월 오랜 기간의 협의 끝에 이루어낸 것이다.29

『취리히 합의서』의 26개 조항은 크게 보아 세 부분으로 불균등하게 나누어볼 수 있다. 기독론적인 도입 (제1-5조), 성례교리에 대한 해설(제6-20조), 그리고 성례에 관한 다른 견해들에 대한 논박(제21-26조) 이다. 쯔빙글리의 신학에서 성례를 가리키는 술어는 기독교인의 신앙고백과 교제의 '표와 명패' (notae ac tesserae)로서 "감사와 믿음의 행사와 경건한 삶으로 이끄는 일종의 자극제 (incitamenta)"이다 (제7조). 이어지는 조항에서는 칼빈의 관심사가 반영되었다. 성례가 외면적으로 증거하고 인침으로 주신 것, 또한 우리의 눈에 가시적으로 보여주시는 것을 하나님은 그 자신이 "의심할 바 없이 참으로 그의 성령을 통해 내적으로 [우리에게] 주신다." 그 내적인 것은 곧 하나님과의 화해, 성령에 의해 새로워지는 삶이다. 요컨대, 의와 구원의 유익들이다. 이로부터 성례전적 기표 (혹은 상징물)와 그것이 가리키는 기의 사이의 관계를 명확하게 규정할 필요가 대두된다. 기표(signum) 와 기의(res significata) 는 서로 구분되는 서로 분리되지 않는다고 주장되었다. 그러므로 믿음에 의하여 성례에 의해 제공되는 약속을 수용하

---

29 라틴어 원문은 다음에 포함되어 있다. CO 7: 733-48. 토란스 커비 (Torrance Kirby)가 영문으로 번역한 것을 포함한 개정판은 다음과 같다. *Consensus Tigurinus (1549): die Einigung zwischen Heinrich Bullinger und Johannes Calvin über das Abendmahl: Werden - Wertung – Bedeutung*, ed. Emidio Campi and Ruedi Reich (Zurich: TVZ, 2009) 124-42, 258-67. 이 안에 포함된 방대한 문헌자료를 참고하라.

는 사람들은 "그리스도를 영적으로 함께 받을 뿐아니라 그의
영적인 은사들을 함께 받는다"라고 말한다(제9조).

결국 합의서는 기표를 단순한 기표만으로 간주하는 그 어떠한
가르침과도 절연하고 있다. 반면 합의서는 물, 빵, 포도주 등과
같은 요소 그 자체가 그리스도를 우리에게 제시한다는 믿음
역시 강하게 거절합니다(제10조). 성례는 그 자체로는 아무 것
도 성취하지 못한다. "오로지 하나님 자신만이 그의 성령으로
역사하신다."(제12-14조) 성례는 오로지 택자들에게만 유효하
다. 또한 성례[성례의 유익 혹은 기의]는 성례를 집행하는 그
행위에 (시공간적으로) 제한되지 않는다(제16-20조). 합의서의
결론부에서는 가톨릭의 화체설 교리와 루터파에서 가르치는
그리스도의 인성의 편재성의 개념 등을 "조잡한 발명과 헛된
궤변"으로 규정하며 논박한다.

『취리히 합의서』는 쯔빙글리, 불링거, 그리고 칼빈의 서로
다른 입장을 성공적으로 조율하였다.[30] 이는 핵심 조항에 해당
하는 제7-10조에서 분명히 들어난다. 성례에 관한 쯔빙글리의
이해, 곧 성례는 기독교인의 신앙고백의 배지이며 감사와, 믿음
을 행사하도록 하고 그리스도의 죽으심을 기억하도록 자극한다
고 가르치는 쯔빙글리의 입장이 신실하게 시인되었다. 그러나
불링거와 칼빈은 이 해석을 두고 오랜 시간 씨름한 결과 이러한

---

[30] 보다 상세한 논의를 위해서는 필자의 저작을 보라. *Patterns*, 103-14.

견해를 한쪽에 접어 두어야만 한다는 생각을 하게 되었다. 왜냐하면 이러한 견해는 은혜를 객관적으로 제시하는 것과 그것을 주관적으로 경험하는 것 사이에 구분점을 제시하지 않기 때문이었다. 그 결과 이러한 해석은 믿음으로부터 매우 핵심적인 구성요소--곧 감각적으로 체험되는 구원의 은사--를 박탈시켰다. 결국 두 개혁자 모두 확언하는 성례의 주된 목적이란 "그것을 통해 하나님께서 우리에게 베푸시는 은혜를 증거하고, 대표하고, 그리고 인치신다"는 사실에 있다. [성례론을 이런식으로] 공식화하는 것은 다소 중도적이고 색깔이 분명하지 않게 들릴 수도 있다. 그러나 핵심은 이것이다. 즉 하나님께서는 우리에게 결코 공허한 상징물을 제시하는 것이 아니라는 것이다. 하나님은 "진실로, 그리고 의심할 바 없이" 성례 안에서 제시하신 바를 그의 성령을 통해 유효케 하신다. 『취리히 합의서』의 이 모든 사고의 흐름들이 이 조항들 안에서 서로 수렴되었다: 성만찬은 사실상 구원을 제시한다. 그러나 성령을 통해서 그러하다. 성만찬 안에서 그리스도는 자신을 그의 영적인 은사들과 더불어 신자들에게 주신다. 이와 동시에 이러한 성령론 지향적인 사고의 흐름은 공동체적이고, 사회적이고 또한 교회론적으로 감각될 수 있는 방식으로 우리가 믿음을 행사할 수 있는 공간을 분명하게 마련해 주고 있다. 구원의 확신은 "자기 자신의 믿음을 숙고하는 우회로를 통하여" 추구될 것이 아니다--아쉽게도 이것이 맞는 것처럼 잘못 주장되기도 한다. 그렇지 않고, 구원의 확신 문제는 하나님의 성령님께로(직접) 귀속되어야 한다.[31]

또한 이에 못지않게 주목할만한 진술은 성례의 유효성이 선택의 교리와 관련을 맺고 있다는 진술이다. 기표는 택자와 불택자 모두에게 주어지나, 오로지 기표의 진리(veritas signorum)는 택자에게만 미친다고 진술되어 있다(제16-17조). 물론 이러한 주장의 신학적인 배경이 되는 것은 소위 "입으로 먹는 것과 악인들(불신자)의 먹는 것"(manducatio oralis et impiorum) 혹은 비텐베르그 협약에서 명명된 표현대로 "합당치 못한 자들의 먹는 것"(manducatio indignorum)을 둘러싼 논의에 대한 관심이 있다.32 첫 번째 성만찬 논쟁이 뜨겁게 달아올랐을 때, 루터파는 주장하기를 심지어 악인들 혹은 합당하지 않게 성만찬에 참여하는 자들조차도 성만찬의 요소뿐만 아니라 그리스도의 몸과 피를 받는 것이라고 확언했다. 루터파와 달리 부처는 악인들(impii, 불신자)--이들은 아무것도 받지 못한다--과 합당치 못한 자들(indigni)--이들은 심판을 먹고 마시는 것이다--사이를 구분한다. 이러한 사실을 감안하더라도 한편으로는 루터와 부처, 다른 한 편으로는 불링거와 칼빈, 이들 사이의 간격은 실로 매우 크다. 『취리히 합의서』의 저자들은 참으로 다음의 사실을 강조했다. 성례는 성령의 능력으로 그것이 상징하는 것을 전달한다. 그들은 그러나 다음의 사실을 강요하다시피 주장한

---

31 에른스트 비저에 대한 반론. Ernst Bizer, *Studien zur Geschichte des Abendmahlsstreits im 16. Jahrhundert* (Gütersloh: Bertelsmann, 1940), 273-74 and 286.

32 다음을 보라. Bizer, *Studien*, 122-27; Amy Nelson Burnett, "The Myth of the Swiss Lutherans: Martin Bucer and the Eucharistic Controversy in Bern," *Zwingliana* 32 (2005): 45-70, 49-51(여기서 인용).

다. 우리는 결코 믿음 없이 그리스도의 몸과 피에 참여할 수 없다. 따라서 이러한 사실은 불신자들과 혹은 합당하지 못한 자들이 그리스도의 몸과 피를 받을 수 있다는 사실을 배제한다.

『취리히 합의서』 안에는 불링거의 해석도 칼빈의 해석도, 그리고 다소 중도적인 부처의 해석 가운데 그 한 사람의 것이 압도적으로 발견되지 않는다. [그리스신화에 나오는 스킬라와 카리브디스 사이] 한편으로는 성례전적인 실재론의 스킬라와 다른 한편에는 성례전적인 상징주의의 카리브디스 사이를 항해하면서, 이 두 개혁가들 (불링거와 칼빈)은 새로운 길을 제시하고 있다. 곧 승천하신 그리스도는 성만찬 안에 참으로 임재하시며 기표가 가리키는 바를 참으로 제공하고 계시다는 사실이다. 물론 성찬에 참여하는 모든 이들이 그의 참된 몸과 피를 일종의 영적인 양식으로서 받는 것이 아니다. 오로지 택자만이, 믿음에 의하고 성령의 능력을 통하여 그것을 받을 수 있다. 교회사 안에서 종종 확인되는 대로 장기적으로 볼 때『취리히 합의서』의 결과는 확실히 기대한바 이상이었다. 오늘날 우리들의 시각에서 볼 때, 『취리히 합의서』의 텍스트는 여러 가지 개념상의 제한들과 모호성을 가지고 있으며 전반적으로는 루터보다 조금 아래에 또한 쯔빙글리 보다는 조금 위에 자리매김할 수 있다. 따라서 기본적으로 [합의보다는] 분열의 요소를 가지고 있고 결국 신앙고백의 지위를 얻지는 못했다. 그럼에도, 『취리히 합의서』는 개혁주의 성만찬 교리의 중요한 참고 문헌이 되었다. 그것의 성숙한 표현은 개혁주의 전통에서 가장 널리 수용된 표준 신앙고백서라고 할 수 있는 『하이델베르크 요리문답』과 『제2 스위스 신앙고백서』에서 발견된다.

3. 언약신학

스위스 개혁주의 사상 안에서 언약신학의 -혹은 라틴어 *foedus* 에서 유래하여 계약신학으로도 알려진- 주제만큼 광범위 하면서도 매우 다양한 방식으로 다루어진 주제는 찾아보기 힘들 것이다.[33] 가장 넓은 의미에서 보았을 때, 초기 개혁주의 언약신학은 성경 안에서 계시된 하나님과 그의 백성 (이스라엘과 교회) 사이의 관계를 묘사하는 데 있어서, 또한 구약과 신약 사이의 연속성과 불연속성을 이해하기 위한 매우 유용한 개념틀 내지 방법론이었다. 이 신학개념의 매우 핵심적인 특면은 언약의 성격에 관한 문제이다. 과연 그것은 조건적이냐? 쌍방적이냐? (곧 언약의 의무가 계약 당사자 양방에 모두 부과되는가?) 혹은 무조건적이며, 일방적인 언약인가? (곧 의무가 오직 한편의 계약 당사자에게만 부담지워지는가?) 등이다. 성경에 따르면 어떤 언약의 형식에 있어서 하나님은 (언약 당사자에 해당하는) 개인이나 혹은 한 백성 전체에게 명확한 조건들을 부과하신다. 그래

---

[33] 이 분야에 대한 19-20세기의 방대한 연구에 대해 논의한 비치의 다음 저작을 보라. J. Mark Beach, *Christ and the Covenant. Francis Turretin's Federal Theology as a Defense of the Doctrine of Grace* (Göttingen: Vandenhoeck & Ruprecht, 2007), 19-64. 또한 울지의 명료한 고찰을 참조하라. Andrew A. Woolsey, *Unity and Continuity in Covenantal Thought: A Study in the Reformed Tradition to the Westminster Assembly* (Grand Rapids, MI.: Reformation Heritage Books, 2012), 80-160.

서 그들이 언약 안에 머물기 위해서는 그 조건들이 반드시 지켜져야만 한다. 이에 대한 예로써, 하나님은 모세에게 십계명을 주시고 지키라고 하셨다(출34). 그리고 이에 대한 순종과 불순종의 여부에 따라 복과 저주를 부여하셨다. 한편 다른 형태의 언약은 하나님께서 거저 베푸시는 은사로 나타난다. 그 안에는 언약을 받는 쪽에서 수행해야 할 그 어떠한 의무도 없다. 예를 들어 노아는 하나님으로부터 또 다시 세상을 물로 심판하는 일은 없겠다는 말씀을 듣는다(창9). 혹은 호세아의 경우 하나님의 지속적인 사랑이 결코 자기 백성을 포기하지 않으실 것이라는 사실을 예시한다(호11). 이 후자 형태의 언약은 하나님께서 그리스도의 피로 인 치시는 새 언약으로서 그 어떠한 조건도 제시되지 않는다(마26:28). 이처럼 언약의 다양성은 언약신학이 다양한 방향으로 발전할 수 있음을 시사해준다. 일례로 소위 일방적 언약(monopleuric) 이든지 혹은 쌍방적(duopleuric) 언약의 방향으로 발전할 수 있다. 실제로 16세기 후반 이래로 개혁파 정통주의 신학자들은 두 개의 언약을 서로 대조시키는 언약신학을 발전시켰다. 그 두개는 은혜언약과 행위언약이다. 물론 언약은 성경 안에서 발견되는 매우 중요한 모티브이다. 이런 맥락에서 볼 때, 초대교회의 교부들과 중세의 스콜라 신학자들의 저술들 안에서도 언약은 발견된다. 스위스공동형제단과 가브리엘 비엘의 신학 등을 통하여 언약은 에라스무스와 루터와 같이 서로 다른 인물들이 형성되는 데 있어 영향을 미치며 종교개혁의 전야까지 점차 발전해 갔다.[34] 일반적으로 볼 때, 개혁주의 신학 안에서 언약을 최초로 언급한 문헌자료는 외콜람파디우스와 쯔빙글리의 저작들이다.35 바젤의 개혁가(외콜람파디우스)는 취리히의 쯔빙글리보다 좀 더 앞섰다. 이미 1523-24년 이사야서에 대한 강론에서 −출판은 1525년에 되었다− 그는 언약의 모티브를 길게 논의한다. 또한 1527년 예레미야 강론에서도 −볼프강 카피토에 의해 외콜람파디우스의 사망 2년 후에 편집되어 출판되었다− 언약을 다룬다.36 그의 언어는 언약에 관한 초기 개혁파의 논의와 연속성이 있다. 언약을 뜻하는 히브리어 '베리트'와 희랍어 '디아데케'는 전통적으로 라틴어에서 언약을 지칭하는 단어들, 곧 *pactum*(언약), *testamentum*(유언) and *foedus*(계약) 등으로 상호 교호적으로 번역되었다. 또한 이것은 주로 하나님 편에서 일방적으로 베푸시는 은사를 함의했다. 물론 이것이 하나님의 백성의 편에서의 믿음과 순종의 반응을 배제시키는 것은 아니었다. 여기서 외콜람파디우스는 이 반응이 인간 안에 내재하는 어떤 자질 때문이 아니라 성령님에 의해서 가능케 되는 것이라고 상세하게 설명을 한다. 성경과 어거스틴의 언약 개념을 따라서 외콜라파디우스는 하나님과

---

34 Woolsey, *Unity and Continuity*, 161-203.

35 Woolsey, *Unity and Continuity*, Chaps. 7 and 8. 여기서 울지는 외콜람파디우스, 쯔빙글리, 불링거, 칼빈 등의 언약이해에 관한 유용하고도 미묘한 차이를 포함하는 설명을 제시한다.

36 Oecolampadius, *In Iesaiam prophetam Hypomnematōn, hoc est, Commentariorum, Libri VI* (Basel: [Apud Andream Cratandrum], 1525), 23b, 205, 265b; 271; idem, *In Hieremiam prophetam commentariorum libri tre [...]* (Strasbourg: Apiarius, 1533),162-62b. 또한 다음을 참고하라. Joshua Moon, *Restitutio ad Integrum. An 'Augustinian' Reading of Jeremiah 31:31-34 in Dialogue with the Christian Tradition* (Ph.D. diss., University of St Andrews, 2007), 94-103.

그의 백성 사이를 서로 묶어주는 언약을 구원론적으로 바라본다. 또한 그것은 아담 이래로 모든 시대를 통해 현현되었다. 그는 옛 언약과 새 언약을 서로 구분한다. 그러나 동시에 양자 사이의 기본적인 통일성을 또한 강조한다. 비록 시대의 상황과 다양성에 따라 언약은 다양한 방식으로 시혜되었으나 오직 하나의 영원한 언약이 존재한다. 신자들은 그들이 족장들이건, 모세의 법 아래에 있었던 백성이건, 혹은 (신약) 교회이건 간에 동일한 하나의 언약 안에서 하나의 믿음의 가족을 구성한다. 이 공동체는 서로 동등하게 대칭되는 기표(성례), 곧 (구약의) 할례와 (신약의) 세례, 또한 (구약의) 유월절 과 (신약의) 성만찬에 의해 인쳐진다.

이러한 내용은 또한 쯔빙글리의 언약신학의 기본적인 생각이다.[37] 간략한 형태로 이러한 주제들은 그의 다음 저작들 안에서 발견된다. 『청원』 『조항에 관한 주해』 『성화와 미사에 관한 제안서』 이들 저서는 일찍이 고트프리드 로허가 말한 바 쯔빙글리의 사상 속에서 성경적 언약개념이 등장한 것은 재세례파와의 논쟁 이전의 시기였다는 것을 사실로서 확인해준다.[38] 그럼에도 쯔빙글리가 일찍이 그를 추종했던 재세례파들과의

---

[37] 보다 오래된 중요한 저작은 다음과 같다. *Jack Warren Cottrell, Covenant and Baptism in the Theology of Huldreich Zwingli* (Princeton: Cottrell, 1971).

[38] Zwingli, *Supplicatio ad Hugonem* (1522), Z 1: 200; idem, *Auslegen und Gründen* (1523), Z 2: 98, 131, 157, 185; Engl: HZW 1: 106, 124, 149; idem, *Vorschlag* (1524), 126. Gottfried W. Locher, *Zwingli's Thought: New Perspectives* (Leiden: Brill, 1981), 114, n. 96.

논쟁을 통해 언약 교리의 중요한 측면을 공식화하여 그것이 개혁신학의 대표적인 특징으로 남게된 사실은 전혀 의심의 여지가 없다.

1525년 5월, 쯔빙글리는 그의 저작 『세례, 재세례, 그리고 유아세례』를 출판한다. 이 안에서 쯔빙글리는 재세례파의 행태, 곧 그들 공동체 안에서 신앙을 고백하는 성인에게만 세례를 베푸는 것을 논박하는 한편 유아세례를 정당화하는 일련의 주장들을 제기한다. 우리의 논의와 관련해서 가장 주목할 것은 이것이다. 곧 쯔빙글리는 구약과 신약 사이의 본질적인 통일성을 하나님의 영원하신 은혜언약의 술어 안에서 명시적으로 인식하고 주장했다는 것이다. 쯔빙글리는 어거스틴의 논문『세례에 관하여: 도나투스 파에 반대하며』의 제4권 23-24장을 상대적으로 길게 논의한다. 여기서의 논의는 쯔빙글리가 언약을 일방적인 언약으로 이해하고 있었음을 분명하게 증거한다. 비록 우리의 윤리적인 반응 역시 수용하고 있지만 말이다. 이런 맥락에서 쯔빙글리는 세례를 일종의 입문하는 표 혹은 충성을 약속하는 예식으로 간주한다. 이는 할례에 상응하는 것으로써 아브라함의 후손들은 이 할례를 통해 한 분이신 참 하나님과의 언약 속에서 양육되었다. 쯔빙글리는 세례가 할례를 대체했고, 따라서 세례가 어린 자녀들에게 베풀어져야 한다는 사실에 대한 결정적인 근거로 골로새서 2장 10-12절 말씀을 제시한다.[39] 물론 이것은

---

[39] Zwingli, *Von der Taufe*, Z 4: 295.26-32, 321.8-330.24.

구속사를 바라보는 재세례파의 관점을 허무는 것이었다. 그들은 구약의 언약과 그리스도 안에서의 새 언약 사이의 급격한 단절성을 주장했다. 이에 따라 할례와 세례 사이의 관련성을 부정하였던 것이다.

이 주제에 관한 쯔빙글리의 다른 각도에서의 공격은 『성만찬에 관한 부가적 에세이』에서 논의된다. 비록 이 얇은 논문의 목적은, 그 제목이 말해주듯이, 그의 성만찬 신학에 관한 부가적 논증을 기술하는 것이었다. 그러나 그 배후에서 쯔빙글리는 재세례파와의 해결되지 않는 논쟁을 또한 조망하고 있다. 이에 따라 이 개혁가는 성만찬 제정의 말씀과 −잔을 새 언약으로 말씀하는 것− 창세기 17장 1-14절에서 아브라함과 더불어 언약을 세우는 것을 새롭게 연결시킨다. 이후로 이것은 쯔빙글리가 선호하는 모티브가 되었다. 이전에는 전통적으로 성만찬 제정의 말씀을 주로 히브리서 9장 1-28절과 연결지어 왔다. 쯔빙글리는 아브라함을 향한 하나님의 값없이 베푸시고, 은혜로운 성향을 강조한다. 또한 그는 언약에 있어서 순종의 필요성을 강조한다. 물론 인간의 책임은 언약을 성취하는 조건으로써 보다는 언약의 결과로 초래되는 것을 강조하는 것으로 보이지만 말이다. 쯔빙글리는 계속하여 언약의 표로써 할례와 세례 사이에 존재하는 평행적 유사성을 논의 안으로 도입한다. 이와 동시에 성만찬을 그리스도의 희생에 대한 기억으로써 묘사한다. 이것에 의해 언약은 온전케 되었다.

쯔빙글리는 그의 언약사상을 다음의 저작들에서 더욱 발전시킨다. 『후브마이어에 대한 응답』과 『재세례파의 속임수에 대한 논박』이다. 이전과 마찬가지로 유아세례를 옹호하는 데 있어서 언약은 매우 중요한 역할을 했다. 한 가지 -그러나 중요하게- 달라진 것이 있다면 아담 및 하와와 더불어 맺으신 언약을 새롭게 추가했다는 것이다. 이것은 하나님과 그의 백성들 사이의 관계에 대한 기초일 뿐만 아니라 하나님과 전 인류 사이에 맺어진 관계의 기초를 제공한다. 쯔빙글리의 주장에 따르면 후일에 이 언약은 노와와 아브라함과 더불어 다시 갱신되었다. 그러나 아무리 많은 회수로 갱신된다 하더라도 그것은 여전히 동일한 언약이다. 역사 가운데 예수 그리스도께서 나타나신 것은 아담, 노아, 아브라함과 맺으신 언약을 폐지하는 것이 아니라 오히려 그 언약을 성취하신 것이다. 이는 하나님과 인류 사이에 맺어진 언약의 전 우주적인 범위를 드러내 준다.[40] 결국 쯔빙글리는 구약과 신약 사이의 관계를 대조와 단절성으로 파악하기보다는 오히려 통일성과 연속성으로 이해한다. 따라서 쯔빙글리는 이렇게 주장한다. "크리스천은 일찍이 아브라함이 하나님과 더불어 맺은 은혜로운 언약 속에 서 있었던 것과 마찬가지의 은혜로운 언약 안에 있다. 이것은 아브라함의 자손들 못지않게 우리의 자녀들 또한 은혜 언약 안에 있음을 입증하는 것이다." 이로써 할례와 세례의 관계는 불가분리의 관계가 되었다. "그들이 만일 하나님의 자녀들이라면, 이로부터 베드로가 행10장에

---

[40] Zwingli, *In catabaptistarum strophas elenchus* (1527), Z: 6/1: 1-196, here at 155,23-158; Engl.: ZSW 123-258.

서 말한 내용이 따라온다. 그렇다면 우리는 자녀들에게 외면적인 세례를 베푸는 것을 부정해서도 또한 그렇게 할 수도 없다." 왜냐하면 유아세례는 "연합의 원천이고 또한 우리의 자녀들이 확실히 하나님의 소유임을 증거함을 통해 우리에게 위로를 주는 확신의 표"이다.41

요컨대, 쯔빙글리에게 있어 세례는 그것이 다른 관료적 종교개혁가들에게 의미했던 것과 동일하지 않은 곧 그 이상의 역할을 했다. 그러나 쯔빙글리가 유아세례를 옹호한 것은 -마치 종종 잘못 주장되는 것처럼- 단순한 교회정치의 문제 때문만이 아니었다. 물론 그가 교회론적이고 정치적인 문제에 깊이 개입되어 있었다는 사실은 부인하지 못할 사실이고 또한 이 유혹이 개입된 것도 사실이다. 또한 기억할 만한 사실이 있다. 그것은 (유아세례 옹호)은 세례의 근거를 인간의 결단이 아닌 하나님의 영원한 은혜 언약 안으로 자리매김하는 시도였다는 사실이다. (물론 성경해석에 있어 아무 문제가 없었다는 뜻은 아니다) 또한 언약신학을 기독교 공화국의 사적이며 공적인 영역으로 적응시키는 시도였다는 사실을 기억할 필요가 있다.42

---

41 Zwingli, *Antwort über Balthasar Hubmaiers Taufbüchlein* (1525), Z 4: 637.27-30; 641.24-26. 또한 다음을 보라. Stephens, *The Theology of Huldrych Zwingli*, 208-9.

42 쌍방적이고 조건적인 언약을 부각시킨 (내가 보기에) 잘못된 해석에 대해서 다음을 보라. Scott A. Gilles, "Zwingli and the Origin of the Reformed Covenant 1524-7," *Scottish Journal of Theology* 54 (2001), 21-50.

외콜람파디우스와 쯔빙글리는 일찍 사망했다. 따라서 이후 언약
신학을 더욱 발전시키는 과업은 하인리히 불링거에게 맡겨졌다.
이 언약의 주제에 대한 불링거의 가르침을 해석하는 문제는
오늘날 불링거 연구에 있어서 가장 뜨거운 감자에 해당하는
연구주제이다. 특히 영어권 연구자들 사이에서 그렇다. 이에
관련된 문헌 연구의 분량은 실로 엄청나다.[43] 일반적으로 J.
웨인 베이커가 이 분야에서 가장 표준적으로 인용되는 영향력
있는 연구자이다. 그러나 그는 설득력이 떨어지는 해석 모델을
제시했다. 곧 불링거는 쌍방적 언약을 가르쳤고 이로 말미암아
칼빈과는 구별되는 소위 "또 다른 개혁주의 전통"의 수장이
되었다는 주장이다. 이 테제는 1980년대 초부터 1990년대 말까
지 널리 유행되었으나 현재에는 퇴물이 된 테제이다.[44] (다소
시기상조인 것처럼도 생각되지만 그렇지 않는다면) 오늘날 학
자들 간에는 합의가 도출된 것으로 보인다. 잠시 후에 살펴보겠
지만 이것은 베이커가 제시한 것과는 매우 다른 입장이다.

불링거는 언약이라는 특정 주제에 대해서 논문을 출간한 최초의

---

[43] 온전한 서지정보를 위해서 다음을 보라. *HBLTI*, 1:52; Moser, *Dignität*, 20-25. 불링거의 언약 이해에 대한 상세한 논의에 관해 다음을 보라. Peter Opitz, *Theologe*, 317-52; Willem Van't Spijker, "Bullinger als Bundestheologe," in *HBLTI*, 573-92.

[44] J. Wayne Baker, *Heinrich Bullinger and the Covenant: The other Reformed Tradition* (Athens, Ohio: Ohio University Press, 1980) idem, "Heinrich Bullinger, the Covenant, and the Reformed Tradition in Retrospect," in *Calvin Studies VIII: The Westminster Confession in Current Thought*, ed. John H. Leith (Davidson, NC: Davidson College, 1996), 59-75.

개혁주의 신학자이다. 1534년에 출간된 논문의 제목이다. "단일하고 영원한 유언 혹은 하나님의 언약에 대한 간단한 주해"45 현재 언약사상사에서 기념비적인 작품으로 간주되는 이 저작은 8절판의 52페이지 분량의 비교적 짧은 소논문이다. 중심 테제는 제목에 잘 들어나 있다. 곧 하나님과 인간 사이에 단 하나의 영원한 유언 혹은 언약이 존재한다는 것이다. 불링거는 특별한 논의를 위해 네 개의 주요 요소들을 추려낸다:

(1) 언약의 성격과 목적 (2) 언약의 약속들과 조건들 (3) 구약과 신약 사이의 언약적 통일성 (4) 언약과 그것이 할례 및 유아세례와 맺는 관련성.

첫째, 서로 관계를 구속하는 언약의 성격과 목적을 예시하기 위해 불링거는 아브라함의 후손과 맺은 언약(창17)을 선택한다. 물론 외콜람파디우스와 쯔빙글리와 같이 불링거 역시 그 이전에 존재했던 언약들 곧 아담 및 노아 더불어 맺은 언약을 언급한다. 불링거는 하나님의 일방적인 자비와 은혜를 강조한다. 하나님은 타락하고 죄악된 인간과 더불어 맺는 언약을

---

45 Bullinger, *De testamento seu foedere Dei unico et aeterno [...] brevis expositio* (Zurich: Christoph Froschauer, 1534). Engl.: Charles S. McCoy and J. Wayne Baker, *Fountainhead of Federalism. Heinrich Bullinger and the Covenantal Tradition*(Louisville, KY: Westminster/John Knox Press, 1991), 99-138. 다음을 참조하라. Aurelio A. Garcia, "Bullinger's De Testamento: The Amply Biblical Basis of Reformed Origins," in HBLTI, 671-92; Joe Mock, "Biblical and Theological Themes in Heinrich Buillinger's 'De Testamento' (1534)," in *Zwingliana* 40 (2013), 1-35.

제공해 주심으로 원수 관계를 화목의 관계로 변화시키신다. 영적인 축복이 주어진 것은 인간의 공로에 근거한 것이 아니라 순전히 하나님의 선하심 때문이다.⁴⁶ 더욱이, 이 언약은 유대인을 위한 지상의 거처에 대한 약속만을 포함하는 것이 아니다. 이 뿐 아니라 전 인류를 위한 영적인 혜택들을 포함한다. 물론 우리 모두가 자동적으로 언약의 구성원이 된다는 뜻이 아니라 언약의 초청이 모두에게로 확대된다는 의미에서 그렇다.⁴⁷ 일찍이 아브라함과의 언약에서 하나님은 자신을 엘 샤다이의 하나님 – 곧 전능하신 하나님 – 으로 계시하였다. 그 동일한 하나님께서 "보호자, (우리와) 연합하는 자, 구원자가 되셔서 하나님 없이는 영과 육에 있어 모두 연약할 수밖에 없는 인류를 이제 강하게 하실 것이다. 또한 그리스도 우리 주님을 통하여 죄와 영원한 죽음으로부터 인류를 해방하시고 영원한 생명을 주실 것이다."⁴⁸

---

⁴⁶ Bullinger, *De testamento*, 6r: "Deus aeternus, ipsum foedum primus offert, nullis ad hoc hominum meritis adactus, sed mera et nativa bonitate impulsus." ([이는 참으로 하나님의 긍휼과 은혜의 증거이다 곧] 이 언약 자체를 먼저 제시하신 분이 바로 영원하신 하나님이시다. 이것은 그 어떠한 인간의 공로에 의한 것이 아니라 [하나님의] 순전한 그리고 본성적 선하심에 의해 추진된 것이다) Engl.: *Fountainhead*, 105.

⁴⁷ Bullinger, *De testamento*, 14r: "*Haec de officio et partibus in hoc foedere Dei, qui sub involucro terrae Chanaan et seminis benedicti, veluti copiae cornu et omnes coelestes thesauros nobis apperuit, et ad fruendum omnes genus hominum invitavit.*" (이것들은 하나님의 언약 안에서 [하나님의] 직무와 참여에 관련된 것이다. 하나님은 가나안 땅과 축복받은 씨 [메시아]의 수건 아래 [감추어진] 모습으로서, 풍요의 뿔과 하늘의 모든 보화로 우리에게 나타나셨고 또한 모든 인류를 이 복을 누리도록 초청하셨다) Engl.: *Fountainhead*, 110.

둘째, 본질적으로는 일방적이고 또한 무조건적인 아브라함의 언약이라 할지라도 이것이 아브라함을 그가 감당할 모든 책임으로부터 면제시키지 않았다. 아브라함은 "하나님 앞에 행하여 흠이 없어야만 했다"(창17:1) 또한 "언약을 반드시 지켜야만 했다"(창 17:9). 그리고 "의와 공의"를 행해야만 했다(창18:19). 불링거가 이러한 성경구절들을 해석한 것은 분명히 언약의 일방적 성격을 보존하는 것이었다. 그러나 불링거는 쯔빙글리보다 더욱 더 인간의 반응의 필요성을 강조했다. 멕코이와 베이커는 취리히 의장의 간결한 라틴어를 다음과 같은 영문으로 번역을 했다.

> 하나님은 모든 선한 것들의 유일한 저자이시기 때문에, 믿음에 의해 한 분이신 하나님께 확고하게 붙어있는 것, 그리고 그를 기쁘시게 하기 위해 흠없이 무죄한 삶 안에 살아가는 것이 바로 우리의 의무이다.49

멕코이와 베이커는 신학적이면서도 정치적인 계약사상에 큰 관심을 두었다. 이것이 그들로 하여금 텍스터의 의미뿐만 아니라 원저자의 사상도 왜곡시켰다. 그들은 이렇게 잘못된 주장을

---

48 Bullinger, *De testamento,* 12a-14r.

49 Bullinger, *De testamento,* 16r: "Nostrarum partium est uni Deo per fidem constanter adhaerere, utpote uni et soli omnium bonorum authori, et ad placitum eius in innocentia vitae ambulare." Engl.: *Fountainhead*, 111. 가르시아가 옳게 지적했듯이 원문을 문자적으로 번역하면 다음과 같다. Garcia, "Bullinger's *De Testamento*," 679: "[언약에 있어] 우리가 담당할 부분은 믿음으로 한 분 하나님께 확고히 붙어 있는 것이다. 그분은 모든 선한 일의 하나이시고 유일한 저자이시다. 또한 우리는 그 분의 뜻에 따라 흠 없는 삶을 살아야 한다."

한다. 즉 불링거는 하나님과 인간 사이의 관계를 일종의 쌍방적 계약 관계로 이해하여 양쪽의 계약 당사자가 서로에 대하여 충족시켜야할 의무관계를 갖는 것으로 이해한다.

수많은 학자들은 이러한 멕코이와 베이커의 잘못된 전제에 대해 도전해 왔다. 그리고 불링거의 언약사상을 좀 더 다른 방식으로 다루어야 할 것을 요구해 왔다.[50] 무엇보다 학자들은 멕코이와 베이커가 하나님의 계시와 그의 의지를 강조하는 것을 간과해 버렸다고 주장한다. 바로 이것이 언약에 있어 주요한 부분이라고 불링거는 간주했음에도 불구하고 말이다. 둘째, 그들은 "내 앞에서 흠 없이 행하라"(창17:7)라는 윤리적인 요구가 언약 관계에 들어가기 위한 조건이 아니라 (소위 율법의 제3용법에서 말하는) "율법의 교훈적 사용"에 따른 것이라는 사실에 주목한다. 이것은 행위와는 별개로 존재하는 믿음에 의해 구원을 얻은 자들을 위한 율법의 사용법에 해당된다. 여기서 언약은 두 편의 동등한 계약 당사자들 사이에 맺어지는 "상호 협정"으로 이해될 수 없다. 동등한 관계와 대조적으로 불링거는 매우 분명하게

---

[50] Lyle Birma, "Federal Theology in the Sixteenth Century," *Westminster Theological Journal* 45 (1983), 304-21; Richard Muller, *Christ and the Decree: Christology and Predestination in Reformed Theology from Calvin to Perkins*(Grand Rapids: Baker Book House, 1986), 40-47; Dowey, "Heinrich Bullinger as Theologian;" Cornelis P. Venema,, *Heinrich Bullinger and the Doctrine of Predestination. Author of the "Other Reformed Tradition"?* (Grand Rapids, Michigan: Baker Academic), 2002, 27-33; Peter Opitz, *Theologe,* 317-52; Van't Spijker, "Bullinger als Bundestheologe;" Woolsey, *Unity and Continuity, passim* Garcia, "Bullinger's *De Testamento;*" Mock, "Biblical and Theological Themes."

도 언약 체결에 있어 하나님께서 일방적으로 스스로를 낮추셨다는 것, 또한 인간의 그 어떠한 공로도 배제시키셨음을 확언했다. 더욱이 오늘날 학자들 사이에는 불링거와 칼빈의 언약 이해에 있어 본질적으로 공통점이 존재한다는 사실을 인정하는 것에 대해 일종의 합의가 형성되는 것으로 보인다.51

셋째, 외콜람파디우스와 쯔빙글리와 같이 불링거 역시 구원론적이고 해석학적인 의미에서 구약과 신약 사이의 통일성과 연속성을 강조한다. 동시에 양자 사이의 차이점에도 주목한다. 불링거는 그리스도 안에서 이루어진 새언약은 이미 아담과 아브라함 그리고 모세와 더불어 시작한 것의 성취와 다른 것이 아니라고 주장한다. 따라서 "오로지 하나의 언약과 모든 성도로 구성된 하나의 교회가 존재할 뿐이다" 라고 말하며 또한 이렇게 말한다 "그리스도는 언약의 인장이요 언약에 대한 살아있는 사실증명서이다".52 옛 언약과 새 언약 두개로 존재하는 것은 오로지 역사적 시간의 흐름 속에서 정황적인 세부사항과 관련해서 나타나는 다양성일 뿐 언약의 근본적인 구원론적 조망에는 별 영향을 미친 것이 아닌 것이다. 불링거는 아브라함으로 시작되는 족장들의 실례들을 들어 증거한다. 아브라함은 "의식이 아닌

---

51 Peter A. Lillback, "The Early Reformed Covenant Paradigm: Vermigli in the Context of Bullinger, Luther and Calvin," in *Peter Martyr Vermigli and the European Reformations: Semper Reformanda*, ed. Frank A. James III (Leiden: Brill, 2004), 70-96.

52 Bullinger, *De testamento*, 25r; 21r (난외주): "Christus obsignatio et viva confirmatio foederis (그리스도는 언약의 인증이요 살아계신 확증이시다)" Engl.: *Fountainhead*, 118 and 115.

오직 믿음으로 말미암아 의롭다함을 받는 것이 분명하다"고 말한다. 구약 시대에도 구원은 신약 시대에서와 매우 동일한 방식으로 주어졌다고 불링거는 주장한다.[53] 복음은 약속과 유익한 교훈의 형태로서 구약에도 존재한다. 신약 시대에는 그것이 온전하게 성취되었을 뿐이다. 여기서 불링거는 그의 저서 『옛 신앙』(1537)에서 발전시켰던 주제의 개요를 요약적으로 제시한다. 이 저서에서 불링거는 로마교회와 날카롭게 논쟁하면서 "우리의 첫 번째 기독교인 부모"인 아담과 하와가 그리스도를 알았고, 모든 족장들과 선지자들 그리고 사도들이-또한 당연하게도 16세기 종교개혁가들이- 소유했던 것과 동일한 믿음을 소유했다고 주장한다.[54]

책의 나머지 부분에서 불링거는 구약과 신약의 관계를 논의한다. 양자 사이가 얼마나 가까운지를 설명하는 데 있어서는 불링거 만한 사람이 없을 정도이다. 왜냐하면 그는 성경의 모든 부분에서 언약적인 모티브가 매우 근본적이라고 간주했기 때문이다.[55] 율법과 복음의 관계에 대한 명백한 반대를 예상하면서,

---

[53] Ibid., 24r, Engl.: *Fountainhead*, 117-18. 또한 다음의 요점적인 진술을 보라(29r) "Veteres beneficium foederis non legis aut ceremoniarum salvati sunt." ([구약의] 선조들은 율법이나 의식에 의한 것이 아니라 언약의 은총에 의해 구원을 받았다) Engl.: *Fountainhead*, 121.

[54] Bullinger, *Der alt gloub* [*HBBibl* 1, 99-110] (Zurich:Froschauer, 1537). 다음을 보라. Edward A. Dowey, "The Old Faith: Comments on One of Heinrich Bullinger's Most Distinctive Treatises," in *Calvin: Erbe und Auftrag: Festschrift für Wilhelm Heinrich Neuser zum 65. Geburtstag*, ed. Willem van 't Spijker (Kampen : Kok, 1991), 270-78.

[55] Bullinger, *De Testamento*, 16r-17r, Engl.: *Fountainhead*, 112, 여기서

그는 16세기 개혁주의 신학의 모든 차별화된 목소리를 내고 있었던 것이다. 구약과 신약은 모두 동일한 "복음 언약"-그리스도를 그 본질로 삼고 있는 것-에 대한 증언이라고 불링거는 설명한다. 율법이 주어진 것은 인간의 연약함에 대한 것이라는 사실을 인정하면서도 불링거는 구약은 그리스도의 속죄 사역을 매우 생생하게 보여주는 수많은 예전과 의식들 그리고 희생제사들을 포함한다는 사실을 강조한다. 다른 한편에서 그리스도는 산상수훈에서 율법의 진정한 정신을 알려 주셨다. 더욱이 율법은 일종의 "몽학선생"으로써 기능한다. 율법은 우리로 하여금 우리의 죄악과 무가치함을 깨닫도록 하고 중보자에 대한 필요성을 가르쳐 준다. 그리스도는 율법의 마침이 되셨다. 왜냐하면 그는 율법이 요구하고 예표하는 모든 것을 수행하셨기 때문이다.[56] 따라서 구약과 신약의 통일성에 대한 진술은 성경적 자료 자체로부터 가장 자연스럽게 제기된 것이지 어떤 외부적인 견해에 근거해서 밖에서부터 부과된 것이 결코 아니라는 주장이 제기되고 있다.

마지막으로 유아세례에 관한 문제이다. 불링거는 쯔빙글리의 입장을 반복한다. 곧 세례는 하나님께서 그의 백성과 더불어 맺은 단일하고 영원한 언약에 대한 표로써 구약의 할례 예식을

의 인용은 다음 쪽이다(16r): "*Omnis scriptura ad foedus ceu* scopum refertur."(모든 성경은 언약을 그 목표로서 지시한다) 다음을 보라. Woolsey, *Unity and Continuity,* chap. 7.

[56] Ibid., 31r-41v. Engl.: *Fountainhead,* 122-30.

(신약적으로) 지속하고 단순화한 것으로 보는 입장이다. 이 언약 안에서 출생한 자녀들에게는 세례의 표가 주어져야만 한다. 마치 구약 시대에 할례의 표가 자녀들에게 주어진 것과 마찬가지로 말이다.[57]

불링거는 언약에 대한 이러한 견해를 바꾸지 않은 채 그의 생애의 마지막까지 그의 다양한 저술들 안에서 유지했다. 언약의 모티브는 베른의 신학자 무르쿨루스의 신학적이며 주해적인 저술들 안에서도 현저하게 발견되는 특징이다. 무스쿨르스는 초기 개혁주의 전통에 기본적으로 동의하면서 이와 동시에 "전통적인 구분들과 가르침을 보다 폭넓고 보다 통합적인 교의적 틀 안에서 재구성하고자" 시도한다. 무스쿨루스는 1560년에 처음 출판된 그의 『신학통론』에서 "일반 언약"과 ―하나님께서 전체 지구와 주민들, 곧 인간뿐만 아니라 동물들과도 맺은 언약과― "특별하고 영원한 언약"―하나님께서 황공하게도 택자와 신자들과 더불어 맺으신 언약―을 구분한다. 후자의 언약은 "특별한" 언약이라 불린다. 왜냐하면 이것은 모든 이에게 관련된 것이 아니라 오로지 택자와 신자들 ―즉 신자들의 조상으로서의 아브라함과 그의 후손들― 에게만 관계되어 있기 때문이다.[58]

---

[57] Ibid. 42r-46v. Engl.: *Fountainhead*, 130-34. 다음을 보라. W. Peter Stephens, "Bullinger's Defence of Infant Baptism in Debate with the Anabaptists," *Reformation & Renaissance Review* 4 (2002): 168-89.

[58] Musculus, *Loci Communes*, loc. 14, 142: "Foedus generale... pepigit cum universa hac terrae machina, omnibusque illam inhabitantibus, tam bestiis

조던 벨러에 따르면 무스쿨루스의 언약교리는 "매우 중요한 초기 개혁파 정통신학의 방법론의 진술"이다.59 그러나 불링거 이외에도 언약신학과 관련하여 매우 큰 영향력을 발휘했던 같은 시기에 살았던 두 명의 "스위스" 신학자들이 있다. 이들은 종교적인 이유로 망명생활을 했던 베르밀리와 칼빈이다.60 지금 여기서 그들의 사상을 소개하거나 후대의 개혁주의 신학자들에게 미친 그들의 영향을 서술하지는 않을 것이다. 다만 그들 모두 하이델베르크 요리문답의 저작자인 올리비아누스와 우르시누스의 멘토들이었다는 사실을 언급하는 것으로 충분하다.61 베르밀리와 칼빈의 언약신학의 요소들은 올리비아누스의 저서 『은혜언약의 본질에 대하여』(1585)와 우르시누스의 저서 『신학강요』(1584) 안에서 매우 분명하게 발견된다.

멕코이와 베이커는 스위스 언약신학의 상세한 발전 역사를 제시

---

quam hominibus, cum die etiam & nocte, hyeme & aestate, frigore & aestu, semente ac messe, & c;"(일반언약.. [하나님은] 이 세계의 모든 피조물과 더불어 언약을 맺으셨다. 곧 이 땅에 거하는 모든 주민과 또한 사람뿐만 아니라 짐승들, 낮과 밤, 겨울과 여름, 추위와 더위, 씨뿌림과 거둠 등이다) "Foedus speciale est ac sempiternum, quod cum electis ac credentibus sancire dignatus est."(특별언약 또한 영원하다. 왜냐하면 그가 [하나님] 친히 낮아지사 택자와 신자와 더불어 [언약을] 맺으셨기 때문이다) 인용문 출처는 다음 저작을 보라. in Ballor, *Covenant*, 48-9, nn. 22 and 26.

59 Ballor, *Covenant*, 213.

60 다음을 보라. Lillback, "The Early Reformed Covenant Paradigm."

61 필자의 저작을 보라. "Der Heidelberger Katechismus und die 'candida ingenia Helvetiorum'", in *Profil und Wirkung des Heidelberger Katechismus. Neue Forschungsbeiträge anlässlich des 450. Jubiläums*, ed. Christoph Strohm and Jan Stievermann (Gütersloh: Gütersloher Verlagshaus, 2015), 54-71.

한 바 있다. 그들이 다음과 같이 진술한 것은 사실상 상당히 옳다고 본다.

> 실제적 의미에서 언약신학은 취리히로부터 흘러나와 라인강을 따라 흘러내려 갔다. 16세기와 17세기를 거쳐 그것은 스위스와 독일, 그리고 네덜란드와 영국 그리고 뉴잉글랜드의 개혁교회들 안에서 주요한 신학을 형성하였다.

진실로 언약이라는 개념은 스위스 개혁주의 신학의 표지이다. 아마도 이것은 루터파가 율법과 복음을 "이것 아니면 저것"의 방식으로 구분한 것, 또한 도르트 회의의 정통파 칼빈주의자들에 의해 제기된 경직된 예정론보다는 좀 더 건전하고 더욱 성경적인 표지라고 말할 수 있다. 이 [언약이라는] 오래된 단어는 단일한 구원의 행위 안에서 창조와 구속을 요약한다. 또한 인간의 근본적인 삶의 정황, 곧 인간이 하나님을 대면하고 하나님의 은혜에 의해 수용되는 상태를 묘사한다. 언약은 일종의 고전적인 단순성과 아름다움을 가지고 있다. 이는 수세기에 걸친 예언과 고난으로부터 자라나온 것이다. 또한 이는 지속적인 계보를 갖는 교사들과 사상가들이 그들의 경건한 묵상 안에서 숙고하고 검증한 것이다. 스위스 신학자들이 성경적인 언약의 개념을 재발견한 것을 가리켜 고트프리드 로허가 "종교개혁을 위한 최고로 중요한 기여"라고 말한 것은 전혀 놀랄 일이 아니다.[62]

---

[62] Locher, *Thought*, 29.

결론

지금까지의 논의로부터 도출된 두 가지 포인트를 말씀드릴 수 있다. 첫째, 스위스 종교개혁은 보다 큰 종교개혁 운동 곧 16세기를 걸쳐 유럽을 휩쓸었던 종교개혁의 일부라는 것이다. 또한 그것을 지지했던 신학은 다른 종교개혁의 다양한 패턴들과 공유하는 점이 많았다. 이 공통점은 개혁운동의 주창자들이 인정하길 원하는 것보다 혹은 이후의 해석가들이 생각했던 것보다 훨씬 더 많다고 말할 수 있다. 그러나 스위스 종교개혁은 그것이 고수했던 일련의 신념들로 인해 그 시대 다른 유럽지역의 교회 개혁운동들과 차별화되는 면도 있었다. 특히 루터파와 재세례파의 운동과 달랐다. 『스위스 제2신앙고백서』는 이러한 현실적 상황 대해 놀라울 정도로 솔직하다. 그 서문은 －대다수의 신앙고백서 모음집들에서 이 서문이 종종 누락된다－ 이 신앙고백서가 성경의 내용과 초대교회의 가르침에 부합하고 있음을 강조한다. 또한 기독교 신앙의 본질적인 사항들에 대해 프랑스, 독일, 영국 그리고 다른 나라들의 교회들과 온전하게 동의하고 있음을 강조한다. 이 고백서는 계속하여 주장한다. 우리가 스위스 종교개혁 신학의 자유주의 진영으로 부를 수 있는 편에서 복음적 진리의 핵심이 보존될 것을 규정했다는 것이다. 이들 배후에는 아마도 자기 확신에 차있는 사회 집단들이 존재했다. 이들은 각자의 독립적인 정치 전통, 곧 각 교회가 "교의를 제정하거나, 예전과 의식에 있어서" 다양한 방식으로 스스로를 표현할 수 있는 자유(libertas)를 소유하고 있었다.[63] 요컨대 스위스 종교개혁 신학의 뼈대는 다른 지역의 기독교회들 안에서도 발견될 수 있는 것은 물론 더욱 확실하게는 사도신경 안에서도 발견될 수 있다는 사실이다.64 그럼에도 불구하고 마치 로마 가톨릭 교회와 루터파 전통 사이에 교의적인 차별성이 존재하는 것처럼, 스위스 개혁주의 신학을 다른 형태의 기독교 신학으로부터 차별화시키는 일련의 신념들 역시 존재한다. 우리가 살펴본 바와 같이 이러한 가르침들로는 총회(혹은 노회)형태의 교회정부, 성례에 관한 새로운 이해, 그리고 구약과 신약 전체를 포괄하는 은혜언약의 통일성 등이 있다.

둘째, 스위스 종교개혁 신학에 대한 이러한 요약적인 제시는 이 책 시리즈의 다른 연구물들이 암시하는 바대로 다음의 사실을 분명히 한다. 즉 우리는 결코 전체를 아우르는 완벽하고 분명한 그림을 그려낼 수 없다는 사실이다. 왜냐하면 이 분야의 연구는 일종의 변환기를 맞이하고 있다. 전통적으로 간주되어 왔던 전제들이 새롭게 의심되고 있으며, 새로운 테제들이 등장하고, 보다 균형잡힌 제안을 위해 필요한 합의를 도출해내는 일은 어려운 작업으로 보이기 때문이다. [모든 것을 아우르는] 통합적인 연구는 아직도 명백한 희망사항으로 보인다. 물론 이에 대한 초기 시도가 없는 것은 아니지만 말이다. 이러한

---

63 *RBS* 2/2: 269: 13-25.

64 *Ibid*. 278.2: "*Breviter, recipimus Symbolum apostolorum quod veram nobis fidem tradit*". "(요컨대 우리는 사도신경을 수용한다. 왜냐하면 그것은 우리에게 참 신앙을 전달해주기 때문이다)"

통합적 연구를 위해서는 가장 많이 알려진 영향력 있는 인물들 뿐만 아니라 상대적으로 덜 알려진 인물들, 그러나 스위스 종교개혁과 관련하여 결코 덜 중요하지 않은 신학자들을 발굴하고 그들의 중요성에 걸맞는 연구를 수행하는 것이 반드시 필요하다. 더욱이 스위스 종교개혁의 종교적 교리들에 대한 보다 온전한 이해를 위해서는 우리는 반드시 그 주창자들이 스위스 연방의 범위 안팎에서 에라스무스의 써클과 맺은 관련성에도 주목을 해야 한다.

마지막으로 질적으로 우수한 돌파구를 마련하는 작업을 성취하기 위해서는 그동안 연구되지 않았던 엄청난 규모의 일차문헌을 새롭게 읽는 작업이 반드시 동반되어야 한다. 과거에는 연구자들이 희귀본과 인쇄물의 형태로서만 접할 수 있었던 일차문헌들을 이제는 디지탈화된 자료형태로 손쉽게 접근할 수 있다. 스위스 개혁주의 신학에 대한 새로운 연구는 일종의 야심찬 과업이다. 물론 많은 기회들과 더불어서 수많은 난점들도 존재한다. 그럼에도 이러한 연구가 잘못된 신화들--이 장에서 살펴본 바대로--을 몰아내도록 돕고 새로운 분야를 개척하도록 도울 수 있을 것이라는 사실에는 추호의 의심할 여지가 없다. (*)

제2부

피터 마터 베르밀리
(Pietro Martyr Vermigli 1549-1562)

제3장 피터 마터 베르밀리: 하나의 신학적 초상화
1. *Tuscia te pepulit* ("투스카니는 당신을 축출하였고")
2. *Germania et Anglia fovit Martyr* ("독일과 영국은 당신을 모셨었는데")
3. *Martyr, quem extinctum, nunc tegit Helvetia* ("죽은 마터를 스위스가 이제 보호하도다")
4. 베르밀리의 영향력

제4장 베르밀리의 교회론: 공교회성, 분리 그리고 이단
1. 공교회성(Catholicity)
2. 분리와 이단(Schism and Heresy)
3. 결론

[Pietro Martyr Vermigli]

제3장[1]
피터 마터 베르밀리: 하나의 신학적 초상화

종교개혁 500주년을 기념하는 일련의 강의를 하도록 합동신학대학원에 의해 초청 받아 이렇게 강의를 하는 것이 나에게는 상당한 특권이고 큰 즐거움이다. 이 기회를 주신 여러분 모두에게 큰 감사를 표하면서, 이 기회에 나는 이탈리아 인문주의자였고 어거스틴 종단의 수도자요, 신부(canon)였던 피터 마터 베르밀리에 대해서 말하려고 한다. 그는 1542년에 이탈리아에서 피신하기 전에는 이탈리아의 천주교도로서 열심을 보였고, 1542년 후에는 스트라스부르(Strasbourg), 옥스포드(Oxford) 그리고 취리히(Zurich)에 거주하면서 개신교 유럽의 개혁자로서의 놀라운 경력을 나타냈다.

나와 같은 초빙 강의자의 위치는 한 나라의 대사와 조금 비슷한 것이라고 생각된다. 나의 경우는 스위스 개혁 교회들과 취리히대학교의 대사 같은 역할을 하는 셈이라고 여겨진다. 따라서 스위스 개신교 연합회 회장과 취리히대학교의 신학부 학장의 인사를 여러분

---

[1] 제3장의 번역자는 이승구(합동신학대학원 조직신학 교수) 박사이다.

께 전하고자 한다. 나를 이렇게 초청해 주신 것이 나 자신의 개인적 자질 때문이 아님을 모를 만큼 내가 어리석지는 않으니, 이것은 참으로 스위스 개신교회와 한국 교회의 지속되어질 우애의 상징이며 양교의 협력적 관계의 표현이다. 이런 행복한 관계가 오래 지속되기를 바란다. 결코 일방적인 것이 되지는 않을 것이다.*

****

1999년에 있었던 피터 마터 베르밀리 출생 500주년 기념은 대개는 별일이 없는 종교 개혁 연구에 상당한 반향을 불러 일으켰다. 다양한 분야를 연구하는 학자들이 종교 개혁 신학을 형성하는 일에 있어서 그의 중요한 역할과 그 후에 오는 여러 세대들에게 미친 그의 지속적인 영향을 인정하기 시작한 것이다. 그에 따라 급속히 많이 나오기 시작한 여러 책들이 종교 개혁 2세대 중에서 이 현격한 인물의 중요성을 밝히기 시작했다.2

---

* <정암 신학강좌>에서 캄피 교수가 행한 인사말이다. 자신의 강의를 한국어로 출판하는데 흔쾌히 동의하면서 보내온 저자의 서문이 있음에도 생생한 느낌을 살리기 위해 그대로 실었다.

2 베르밀리에 대한 온전한 참고 문헌을 보려면 다음을 보라: Jason Zuidema, "Vermigli Studies Bibliography," in *A Companion to Peter Martyr Vermigli,* eds. Torrance Kirby, Emidio Campi, and Frank James, III (Leiden: Brill, 2009), 499-518.

다음 저작들은 매우 시사적이다: *The Peter Martyr Library,* eds. John Patrick Donnelly et al., vols. 1-9 (Kirksville, Mo.: Sixteenth Century Essays and Studies, 1994-2006); Frank A. James, III, *Peter Martyr Vermigli and Predestination: The Augustinian Inheritance of an Italian Reformer* (Oxford: Clarendon Press, 1998); *Peter Martyr Vermigli: Humanism, Republicanism, Reformatiom,* ed. Emidio Campi (Geneva: Droz, 2002); *Peter Martyr Vermigli and the European Reformations. Semper Reformanda,* ed. Frank

이와 같이 인상적인 학문적 성과들에도 불구하고, 베르밀리의 삶 전체와 그의 신학 사상 전체를 분명히 조망하는 믿을 만한 전기가 아직까지도 나오지 못했다. 19세기 중반에 상당한 전기가 몇 권 등장하기는 했지마는 그것은 이미 시대에 뒤떨어진 것이 되었다.³ 물론 이런 시도 자체가 쉽지 않다.

그 첫째 가장 명백한 이유는 아마도 베르밀리가 그의 독특한

James, III (Brill: Leiden, 2004); Luca Baschera, *Tugend und Rechtfertigung. Peter Martyr Vermiglis Kommentar zur Nikomachischen Ethik im Spannungsfeld von Philosophie und Theologie* (Zurich: Theologischer Verlag, 2008); Jason Zuidema, *Peter Martyr Vermigli (1499-1562) and the Outward Instruments of Divine Grace* (Göttingen: Vandenhoeck & Ruprecht, 2008); *A Companion to Peter Martyr Vermigli*, eds. Torrance Kirby, Emidio Campi, and Frank James, III (Leiden: Brill, 2009); Jin Heung Kim, *Scripturae et patrum testimoniis: The Function of the Church Fathers and the Medievals in Peter Martyr Vermigli's Two Eucharistic Treatises:* Tractatio *and* Dialogus (Apeldoorn: Instituut voor Reformatieonderzoek, 2009); Michael Baumann, *Petrus Martyr Vermigli in Zürich (1556-1562): dieser Kylchen in der heiligen gschrifft professor und laeser*, Dr. Theol. Dissertation (University of Zürich, 2010); *Petrus Martyr Vermigli. Kommentar zur Nikomachischen Ethik des Aristoteles*, eds. Luca Baschera, Christian Moser (Leiden: Brill, 2011); *Studies on the Living Legacy of Peter Martyr Vermigli*, ed. Jordan J. Ballor. Special issue of *Reformation and Renaissance Review* 15 (2013).

³ Friedrich Christoph Schlosser, *Leben des Theodor de Beza und des Peter Martyr Vermili* (sic) (Heidelberg: Mohr und Zimmer, 1809); Carl Schmidt, *Peter Martyr Vermigli: Leben und ausgewählte Schriften* (Eberfeld: Friderichs, 1858); Mary Young, *The Life and Times of Aonio Paleario*, 2 vols. (London : Bell and Daldy, 1860), 397-493.

베르밀리에 대한 새로운 조망의 선구적 작품으로 다음을 보라: Joseph C. McLelland, *The Visible Words of God: An Exposition of the Sacramental Theology of Peter Martyr Vermigli, A.D. 1500-1562* (Edinburgh: Oliver & Boyd, 1957).

경력 때문에 모든 개혁자들 가운데서 가장 국제적인 사람(the most cosmopolitan)이었기 때문이 아닌가 한다. 그는 처음에는 이탈리아에서 <어거스틴 수도회>의 수도자요 신부(canon)이었고,* 천주교 안의 개혁 운동이라고 할 수 있었던 영성파(the spirituali)의 일원으로 활동했었고, 그 후에 스트라스부르, 옥스포드 그리고 취리히에서 개혁자로서 활동했었다. 그러므로 그의 삶과 사역에 대한 사려 깊은 서술(narrative)은 종교 개혁의 네 가지 중요 양상들을 다 잘 알아야만 제시될 수 있다.

둘째 이유는 이를 위해서는 그가 라틴어로, 혹은 독어로, 혹은 영어로, 혹은 불어로 남긴 상당한 원자료들이 모두 참조되어야만 하는 데, 이 글들이 상당 부분 원고의 형태로나 희귀본의 형태로 있다는 것과 관련되었을 것이다. 그것들이 오늘날은 상당 부분 디지털화 되어 있어서 쉽게 접근할 수 있다. 그러나 이 자료들을 새롭게 읽어 낸다는 것은 가장 헌신적인 학자들에게도 상당히 어려운 문제이다.

물론 필자의 글이 베르밀리의 전기에 새로운 자료들을 제공하는 것이라고 주장하려는 것은 아니다. 오히려 필자는 이 글에서 과거에 했던 것보다 더 정확하게 문헌적 정보가 주어져야 하고, 새로운 관점에서 다시 보아야 할 필요가 있는 것들에 대한 호기심을 자극하는 질문을 제기하려고 한다. 이에 대해서 이 글에서 몇 가지 추론을 제안해 보려고 한다. 떼오드르 베자의 『초상들』(the Icones)에서 베르밀리의 삶에 대해서 함의에 가득 찬 세 어귀로 요약한 대구(對句, distich)가 우리를 인도하는 가이드 역할을 해 줄 것이다:

Tuscia te pepulit, Germania et Anglia fovit,
Martyr, quem extinctum, nunc tegit Helvetia.[4]

투스카니는 당신을 축출하였고, 독일과 영국은 당신을 모셨었는데, 죽은 마터를 스위스가 이제 보호하도다.

1. *Tuscia te pepulit* ("투스카니는 당신을 축출하였고")

이 대구(對句, distich)의 첫 부분인 "투스카니는 당신을 축출하였고"는 그가 출생할 때부터 그가 천주교회와의 관계를 단절하고서 이탈리아를 떠난 1542년까지의 그의 생애의 첫 42년 간에 대해서 말하는 것이다. 몇 사람의 예외를 제외하고는, 그가 후에 국제적으로 활동하던 때에 초점을 맞추고 이 시기에 대해서는 무시하거나 저평가하는 경향이 있다.[5] 그러나 이것은 방법론적

---

* 어거스틴의 규율(the rule of St. Augustine)에 따라 사는 공동체 안에 사는 신부들(priests)을 "canon regular"라고 불렀다고 한다. 이들은 단순히 수도자들과 구별되었다고 한다. <어거스틴 규율>은 이렇게 신부들이 공동체를 이루어 살 것을 규정했다. 그래서 그냥 수사가 아니기에 이렇게 번역하였다(역자 주).

[4] *Icones id est verae imagines virorum doctrina simul et pietate illustrium* (Geneva: Laonius, 1580), P 3ʳ. 다음도 보라. Fritz Büsser, "Josias Simlers Gedenkrede auf Petrus Martyr 1563: Vermigli in Zürich," in *Zentralbibliothek Zürich: alte und neue Schätze,* eds. Alfred Cattani, et al. (Zurich: Verlag Neue Zürcher Zeitung, 1993), 74-77.

[5] 이 이탈리아 시기에 대한 주된 연구로는 다음을 보라: Luigi Santini, "Appunti sull' ecclesiologia di P. M. Vermigli e la edificazione della Chiesa," *Bolletino della Società di Studi Valdesi* 104 (1958): 69-75; idem,"La tesi della fuga nella persecuzione nella teologia di P. M. Vermigli," *Bolletino della Società di Studi Valdesi* 108 (1960): 37-49; idem," Scisma e eresia nel pensiero di P. M. Vermigli," *Bolletino della Società di Studi Valdesi*

으로도 오류이고, 역사적으로도 오류라고 하지 않을 수 없다. 방법론적으로 오류라고 하는 이유는 이 시기를 무시하는 것은 마치 이 사람이 "무로부터"(ex nihilo) 유럽의 정황에 나타난 것처럼 하는 것이니 오류인 것이고, 역사적으로 오류라고 한 것은 이런 입장은 그를 종교 개혁적 주해와 가르침의 한 기둥이 되게끔 한 그의 형성적(形成的) 시기를 간과하는 것이니 오류라고 한 것이다.

피터 마터 베르밀리는 이탈리아 플로렌스(Florence)의 한 중산 가정에서 태어나, 1499년 9월 8일에 삐에로 마리아노 (Piero Mariano)라는 이름으로 영세를 받았다. 그는 이 플로렌스에서 유아기를 지내면서 플로렌스 인문주의의 지적, 과학적, 예술적 업적의 큰 유익을 얻을 수 있었다. 가족들의 기대와는 달리 그는 플로렌스에서 가까운 피에솔레(Fiesole)라는 작은 마을에 있는 <어거스틴 수도회>(the Order of the Canons Regular of St. Augustine)에 가입하였다. 그는 1518년에 서약을 하고 그의 이름을 삐에트로 마르티레(Pietro Martire)라고 하였고, 이 이름을 평생 유지했다. 그 해에 그는 파두아(Padua)로 보내져서, 이곳에서 철학과 신학을 공부하기 시작했다.

---

125 (1969): 27-43; idem, "Pier Marire Vermigli (1499-1562): l'eredità umanistica e italiana di un riformatore europeo," in *Tra Spiritualismo e Riforma*, ed. Domenico Maselli (Florence:Uncini Pierucci, 1979), 143-59; Philip McNair, *Peter Martyr in Italy: An Anatomy of Apostasy* (Oxford: Clarendon Press, 1967); Marino Berengo, *Nobili e mercanti nella Lucca del Cinquecento* (Torino: Einaudi, 1965, repr. 1974), 399-419; Simonetta Adorni Braccesi, *«Una città infetta». La repubblica di Lucca nella crisi religiosa del Cinquecento* (Florence: Olschki, 1994), esp. 109-43.

1222년에 설립된 파두아 대학교는 16세기 초기에 유럽의 주도적인 대학들 가운데 하나였다. 그 교수들 가운데는 유명한 르네상스 시기의 철학자들, 인문주의자들, 과학자들이 있었다. 여기서 그는 8년간 그의 공부에만 집중하며 살았다. 이 시기는 그의 성인기 가운데서 그가 (어느 한 곳에서) 가장 오랜 시간을 보낸 시기이기도 하다. 그는 여기서 아리스토텔레스의 철학에 대한 상세한 지식을 얻게 된다. 논리학과 형이상학만이 아니라 윤리와 정치학, 그리고 중세 스콜라주의에 대해서도 상세한 지식을 얻게 되니, 구학파(the *via antiqua*)라고 알려진 아퀴나스 파(the Thomist school)만이 아니라, 소위 그레고리 파(the so-called *via Gregorii*)라고 열려진 리미니의 그레고리 (Gregory of Rimini)의 가르침에도 정통하게 된 것이다.6 그는 교부들의 작품들, 특히 어거스틴과 크리소스톰의 작품들에 깊이 빠지게 된다. 이 공부는 그를 종교개혁 시기의 가장 박식한 교부 학자들 중의 하나로 만드는데 기여를 하였고, 그의 후기 학문적 활동의 특성을 이루게 하였다.7 그는 개인적인 연구로서

---

6 Josias Simler, *Oratio de vita et obitu clarissimi viri et praestantissimi theologi D. Petri Martyris Vermilii divinarum literarum professoris in Schola Tigurina* (Zurich: Froschauer 1563), 5ᵛ· 이것의 영어 번역, in *The Peter Martyr Library*, vol. 5: *Life, Letters, and Sermons*, 9-62, here 17.

그의 철학과 신학 교육에 대해서는 John Patrick Donnelly, *Calvinism and Scholasticism in Vermigli's Doctrine of Man and Grace* (Leiden: Brill, 1976); Joseph C. McLelland, "Introduction," in *The Peter Martyr Library*, vol. 4: *Philosophical Works*, XIX-XLI, 그리고 James, III, *Peter Martyr Vermigli and Predestination*, 132-50을 보라.

7 Alfred Schindler, "Vermigli und die Kirchenväter," in *Peter Martyr Vermigli: Humanism, Republicanism, Reformatiom*, 37-43; David Wright,

철학과 신학 연구를 계속 보충해 갔다. 또한 그는 중세 교회법과 로마 시민법 본문들 뿐만 아니라, 플로렌스의 정치 철학자들의 저작들도 철저히 읽었고, 이것은 그가 후에 영국에서 일할 때에 큰 도움을 주는 지식이 되었다. 이 놀라운 전문적 지식이 어떻게 있게 되었는지에 대해서는 아직도 탐구할 것이 많이 있다. 아마도 그는 파두아에서 공부할 때 그가 머물렀던 산 지오반니 디 베르다라(San Giovanni di Verdara) 수도원 도서관에 있는 많은 자료들을 읽었을 것으로 여겨진다.[8] 그가 1525년에 사제(priest)가 되었다는 것은 확실한데, 그 다음 해에 박사 학위를 수여받았다는 것은 추측일 뿐이다.

1526년 4월에 어거스틴 종단의 총회(the Chapter General of the congregation)는 그를 선출하여 공적 설교자라는 직분(the office of public preacher)을 부여하였는데, 이는 당대에는 아주 뛰어난 직분으로 그로 하여금 북 이탈리아 어디든지 가서 설교하고 철학을 가르칠 수 있도록 하는 직임이었다. 그래서 그는 1530부터 1533에는 볼로냐(Bologna)에 머물면서 이 직분을 수행했다. 시물러(Simler)의 『연설』(*Oratio*)에 나오는 언급에 의하면,[9] 그는 볼로냐에서 유대인 의사에게서 히브리어를 아주 열심히 잘 배워서 그는 후일에 종교개혁 시기의 유럽에서 주도적인 구약

"Exegesis and Patristic Authority," in *A Companion to Peter Martyr Vermigli*, 117-30; 그리고 Jin Heung Kim, *Scripturae et Patrum Testimoniis*.

[8] Emidio Campi, "Petrus Martyr Vermigli (1499-1562): Europäische Wirkungsfelder eines italienischen Reformators," *Zwingliana* 27 (2000): 29-46, here 32.

[9] Simler, *Oratio*, 5ᵛ(=영어 번역, in *The Peter Martyr Library*, vol. 5: *Life, Letters, and Sermons*, 17).

주석가들 중의 한 사람이 될 수 있었다. 베르밀리의 놀라운 히브리어 지식과 아람어, 시리어어, 그리고 이디아피아어 등 소위 갈대아어들(the so-called "Chaldean" languages)에 대한 지식에 관한 이야기는 복잡하다. 이면에 대해서는 아직도 많은 연구를 할 필요가 있고, 따라서 여기서 이에 대해서 다룰 수는 없다. 여기서는 이 문제를 제대로 다루기 위해서는 유대인으로서 개혁파 기독교로 개종하여 당시에 주도적인 히브리어 학자가 된 사람인 임마누엘 트레멜리우스(Immanuel Tremellius, c. 1510-1580)와 연관시키고, 16세기 이탈리아의 성경 근동어 연구를 깊이 파 보는 것이 최선인 듯하다는 것을 말하는 것으로 족(足)할 것이다.[10] 전체적으로 보았을 때, 이 시기의 베르밀리의 모습은 아직도 불분명한 상태에 있다. 그렇기에 이 시기에 대한 연구는 더 깊은 연구를 필요로 한다.

그런데 1533년 초에 이르면 더 분명한 모습이 드러난다. 이때부터 피터 마터는 더 이상 <어거스틴 수도회>의 신참자(a novice)나 교계에서 잘 모르는 사람(an ecclesiastical nobody)이 아니고, 오히려 박식한 신학자와 상당히 잘 알려진 교회적

---

[10] McNair, *Peter Martyr in Italy*, 223-25. Tremelliius에 대해서는 다음을 보라: Kenneth Austin, *From Judaism to Calvinism: the Life and Writings of Immanuel Tremellius (c. 1510-1580)* (Aldershot: Ashgate, 2007); 그리고 Emidio Campi, "Immanuel Tremellius. Eine Fallstudie zur Reformation der Flüchtlinge," in *Die Wittelsbacher. und die Kurpfalz in der Neuzeit zwischen Reformation und Revolution,* eds. Wilhelm Kreutz et al. (Regensburg: Schnel & Steiner, 2013), 205-226; Alessandro Pastore, *Marcantonio Flaminio: Fortune e sfortune di un chierico nell' Italia del Cinquecento* (Milan 1981), esp. 79-84; Dan Shute, "Introduction" to Vermigli's Commentary on *Lamentations,* in *Peter Martyr Library,* vol. 6, xv-lxviii.

인물(churchman)이 되어, 자신의 수도회의 개혁을 이루는 위치에 있는 인물이 된다. 이 시기의 이탈리아 사회의 지적, 종교적 흐름의 틀 안에서 이 시기 동안의 그의 활동에 대해서는 이미 많은 것들이 쓰여진 바 있으므로, 아주 간단히 말할 수 있다.11 중요한 사실들만을 언급하는 것으로도 충분할 것이다. 1533년 5월에 그는 스폴레토(Spoleto)에 있는 어거스틴 종단의 한 수도원의 원장이 된다. 이 수도원은 평판이 나쁜 수도원이었는데, 그는 이 공동체를 개혁하는 일에 열심을 내었다. 이 시기 동안 그는 가스파로 콘타리니 추기경(cardinal Gasparo Contarini)이 주도하던 일단의 고위 성직자들과 접촉하게 된다. 가스파로 콘타리니 추기경은 1537년에 교황 바오로 3세에게 천주교회의 내적 개혁 프로젝트인 <교회 개혁 의견서>(the *Consilium de emendanda ecclesia*)를 제시한 인물이다.

1537년에 베르밀리는 나폴리(Naples)로 옮겨져 당시에 아

---

11 지난 40년간 이탈리아 종교개혁사에 대한 집중적인 연구의 결과 때문에 이렇게 간단히 말할 수 있게 된 것이다. 다음 저작들은 이에 대한 일차 자료와 관련된 이차 문헌들에 대한 풍성한 정보를 제공하고 있다: John Tedeschi, "The Cultural Contributions of Italian Protestant Reformers in the late Renaissance," in *Libri: idee e sentimenti religiosi nel Cinquecento italiano*, eds. Adriano Prosperi and Albano Biondi (Modena: Panini, 1987), 81-108; Silvana Seidel Menchi, *Erasmus als Ketzer: Reformation und Inquisition im Italien des 16. Jahrhunderts* (Leiden: Brill, 1993; Massimo Firpo, *Riforma protestante ed eresie nell' Italia del Cinquecento* (Rom-Bari: Laterza, 1993); Massimo Firpo, "The Italian Reformation and Juan de Valdes," *Sixteenth Century Journal* 27 (1996): 353-64; Salvatore Caponetto, *The Protestant Reformation in Sixteenth-Century Italy* (Kirksville, Mo: Sixteenth-Century Essays & Studies, 1999); 그리고 Massimo Firpo, *Juan de Valdés and the Italian Reformation* (Farnham: Ashgate, 2015).

주 영향력 있던 산 삐에뜨로 아드 아람(San Pietro ad Aram) 수도원의 원장이 된다. 여기서 그는 스페인의 신비주의자인 환 데 발데스(Juan de Valdés, c. 1500 - 1541)의 주도 하에서 야코포 사돌레토 추기경, 지오반니 모로네 추기경, 레지날드 폴 추가경 같은 사람들, 카푸친스 베르나르디노 오킨스 프란시스코 종단장(the vicar-general of the Capuchins Bernardino Ochino), 그리고 쥴리아 곤자가(Giulia Gonzaga), 비토리아 꼴론나(Vittoria Colonna) 같은 귀족 여인들이 참여하던 신령파 (the *spirituali*)라고 하는 개혁 그룹에 동참하게 된다. 이 이탈리아 개혁자들은 영적 갱신을 통한, 그리고 대륙의 개혁자들의 생각과 비슷하거나 그의 영향 가운데서 나온 신학을 가지고 천주교회를 개혁하고자 했었다. 16세기 이탈리아에서 대중적으로 인기가 있었고 영향력 있던 "그리스도의 유익"(the "*Benefit of Christ*")이라는 소책자는 이 신령파(the *spirituali*)가 그들의 신학적 입장을 얼마나 변경시켰는지를 잘 드러내어 준다.[12]

분명히 피터 마터는 신령파의 지도자인 환 데 발데스(Juan de Valdés)에게 끌렸고, 그의 영향도 받았다. 그러나 그는 이 신령파의 대부분의 사람들보다는 환 데 발데스로부터 독립적이었다고 할 수 있다. 오히려 그는 에라스무스의 저작과 특히

---

[12] 이에 대한 풍성한 문헌을 보려면 John Tedeschi, *The Italian Reformation of the Sixteenth Century and the Diffusion of Renaissance Culture: A Bibliography of the Secondary Literature, ca. 1750-1997* (Modena: Panini; Ferrara: ISR, 2000)을 보라. 또한 나폴리에서 베르밀리와 이 <신령파>와의 관계에 새로운 빛을 비춰주는 다음도 보라. Massimo Firpo - Dario Marcato, *I processi inquisitoriali di Pietro Carnesecchi*, 2 vols. (Città del Vaticano: Archivio Segreto Vaticano, 2000).

개혁자들인 마틴 부써와 쯔빙글리의 저작을 깊이 읽었다.13 그는 그들의 개념들이 관심을 나타냈고, 그것이 자기 자신의 성경적이고 교부적 견해와 잘 조화되는 것을 느낀 듯한다. 그러므로 (이 시기의) 피터 마터의 신학을 "에라스무스적"이라고 하거나, "부써적"이라고 하거나 "쯔빙글리적"이라고 묘사하는 것은 문제를 더 명확히 하기 보다는 더 모호하게 하는 강요된 논의 방식이라고 할 수 있다. 어찌되었든지 1539년 대강절 때에는 이 어거스틴 종단의 수도원장이 자신의 종교적 확신을 숨기지 아니하고 공개적으로 설교하여 그의 라이벌인 떼아티네스 종단(Theatines)의 폭풍 같은 반격을 불러일으키게 된다.* 그 이후로 그는 더 이상 설교하거나 가르치지 못하게 선언되었으나 그는 불복하였고, 영향력 있는 개혁파 추기경들의 도움으로 그의 일을 계속할 수 있도록 교황에게 청원했다.

1541년 5월에 <어거스틴 종단>의 총회는 그를 루카(Lucca)에 있는 부유하고 영향력 있는 수도원인 산 프레디아노(San Frediano) 수도원의 원장(prior)으로 선출하였다. 약 1년 동안 임마누엘 트레멜리우스(Immanuel Tremellius), 제롬 장기우스(Jerome Zanchi), 켈리오 세콘도 쿠리오네(Celio Secondo

---

13 Simler, *Oratio*, 6ʳ-7ʳ에서는 아주 명시적으로 에라스무스만이 아니라, Bucer의 *Enarrationes perpetuae in sacra quatuor evangelia* (1530)와 *Sacrorum Psalmorum libri quinque* (1529)를, 그리고 Zwingli's *De vera et falsa religione commentarius* (1525) and *De providentia* (1528)를 언급하고 있다(영어역, *Life*, 20).

* 이는 "the Congregation of Clerics Regular of the Divine Providence"라는 카제탄(Saint Cajetan=Gaetano dei Conti di Tiene) 등이 세운 천주교회 안의 또 다른 신부들로만 구성된 종단을 뜻하는 듯하다(역자 주).

Curione)와 같은 굉장한 조력자들의 도움으로 그는 이 도시의 주도적인 가문들을 새로운 신앙에로 회심하도록 하였고, 이 수도원을 개신교 신학교에 비견될 수 있는 신학 훈련의 장소로 변경 시켰다. 1542년 여름에 이르러 종교 재판이 그의 목을 위협하는 순간이 오자 자신이 왜 떠날 수밖에 없는지에 대한 자세한 변호문을 써서 보낸 후에 이탈리아를 떠나게 된다.[14]

2. *Germania et Anglia fovit Martyr*
("독일과 영국은 당신을 모셨었는데")

이제 나는 앞서 언급한 베자의 대구의 둘째 부분인 "독일과 영국은 당신을 모셨었는데"에로 나가려고 한다. 1542년 이 중요한 여름에 베르나르디노 오치노(Bernardino Ochino)도 이탈리아 반도를 떠나기로 결심한다. 프란시스코 종단의 놀라운 설교자요 카푸친스의 프란시스코 종단장인 오치노는 새로운 고향으로 제네바를 선택했고, 우리의 <어거스틴 수도회>의 신부인 베르밀리는 지체 없이 취리히로 출발했다. 이 결정은 그가 쯔빙글리 사상과 친숙했었다는 것에로 돌려질 수 있다. 그러나, 더 결정적인 것은 베르밀리 자신의 소명적 자기 이해였다고 할 수 있다.[15] 그가 알프스를 넘어서 취리히로 간 것은 그가 루카에서 시작했던 일을 계속하리라고 결정한다는 것인데, 그는 이

---

[14] "Letter to the Canons of S. Frediano in Lucca," dated Fiesole, 24 August, 1542. 이 변호문의 본문은 *The Peter Martyr Library*, vol. 5: *Life, Letters, and Sermons*, 65-66에 있다.

[15] Santini, "Pier Martire Vermigli (1499-1562)," 147.

일에로 부름을 받았고 그 일에 자격이 있다고 강하게 느꼈다는 것을 말해 준다. 그 일은 바로 "교회의 교사"(a teacher of the church)로서의 소명이라고 할 수 있다. 학계에서는 베르밀리가 구체적으로 어떻게 느꼈는가 하는 것에 대한 관심을 너무나도 적게 기울이기는 하지만, 이것은 베르밀리 자신에게 아주 중요한 것이었다. 종교적 이유 때문에 망명한 다른 이탈리아 사람들과는 달리 이 플로렌스 출신의 <어거스틴 수도회>의 사람이었던 베르밀리는 그를 받아 준 학문적 기관들에 아주 잘 들어맞았다고 할 수 있다. 그러나 새로운 정황에 항상 자신을 통합시키는 이 능력을 신참자가 지혜의 원천을 향해 순례 길을 가는 데서 발생하는 문화적 동화로 여겨서는 안 될 것이다. 오히려 베르밀리는 인문주의적 학계에서 스스로 서 있는 뛰어난 학자임을 드러낸 것으로 보아야 한다. 그의 핵심적 신학적 개념들은 불링거나 칼빈과 같은 제 2 세대 개혁자들의 것과 나란히 병행하는 것이나 정확히 같은 것은 아니었고, 성경주해와 교회 치리에 대한 견해, 또는 성찬에 대한 견해에서는 자기 나름의 이해를 가지고 있었다.

피터 마터가 취리히에서 하인리히 불링거와 그의 동료들에 의해서 참으로 따뜻하게 받아 들여졌다는 데에는 의심의 여지가 없다.[16] 그러나 안타깝게도 취리히 학교(the *Schola Tigurina*)에

---

[16] Simler, *Oratio* 10ʳ (영어 번역으로는 *The Peter Martyr Library*, vol. 5: *Life, Letters, and Sermons*, 27). 16세기 중반의 취리히 학교에 대해서는 다음을 보라: *Schola Tigurina: Die Zürcher Hohe Schule und ihre Gelehrten um die Mitte des 16. Jahrhunderts,* ed. Institut für Schweizerische Reformationsgeschichte (Zurich: Pano, 1999).

서 그가 감당할 수 있는 자리는 없었다. 그래서 취리히 사람들은 그를 바젤의 오스왈트 미코니우스(Oswald Myconius)에게 추천하였으니, 미코니우스는 피터 마터를 스트라스부르의 아카데미에서 섬길 수 있도록 추천하였다. 스트라스부르의 아카데미는 주도적인 히브리어 학자였던 볼프강 카피토(Wolfgang Capito)가 1541년에 죽고, 같은 해에 칼빈이 다시 제네바로 떠나가서 교수들을 절실히 필요로 하고 있던 상황이었다.17 1542년 10월 28일에 마틴 부써는 요한 칼빈에게 마터가 이 직임을 받게 되었다는 것을 다음과 같이 말하고 있다: "한 사람이 이탈리아에서 도착하였는데, 그는 라틴어, 희랍어, 히브리어에 능통하고 성경을 아주 깊이 아는 분입니다. 44살 된 아주 건전하게 행동하며 명석한 판단력을 지닌 이 사람의 이름은 피터 마터입니다."18

그는 (스트라스부르에) 오자마자 구약 교수로 세워졌고, 1538년 스트라스부르 아카데미가 창설된 이래 추구하던 "지혜와 잘 말하는 능력과 경건"(*sapiens atque eloquens pietas*)에로19 학생들을 인도하는 유능한 교수로 자리 매김하게 된다.

---

17 R. Gerald Hobbs, "Strasbourg: Vermigli and the Senior School," in *A Companion to Peter Marty Vermigli*, 39.

18 부써가 칼빈에게 쓴 1542년 10월 28일자 편지, CO 11, 456-57, here 430: "*Advenit ex Italia vir quidam graece, hebraice et latine admodum doctus, et in scripturis feliciter versatus, annos natus quadraginta quator, gravis moribus et iudicio acri, Petro Martyri nomen est.*"

베르밀리의 스트라스부르 시기에 대해서는 다음을 보라: Klaus Sturm, *Die Theologie Peter Martyr Vermiglis während seines ersten Aufenthalts in Straßburg 1542-47* (Neukirchen-Vluyn: Neukirchener, 1971), 그리고 Hobbs, "Strasbourg: Vermigli and the Senior School," 35-69.

19 Anton Schindling, *Humanistische Hochschule und freie Reichsstadt:*

스트라스부르에 있던 5년 동안 베르밀리는 소선지서, 예레미아 애가, 창세기, 출애굽기, 그리고 레위기의 상당 부분을 강해했다. 그런데 이 강의 가운데 오직 <창세기 강의>와 <애가 강의>만이 현재 보존되어 있다.[20] 그가 얼마나 뛰어나고 유능하게 가르쳤는지에 대해서 말한다면, 그는 곧 부써와 같이 뛰어난 신학자의 반열에 오르고, 어떤 이들의 평가에 의하면 부써보다 더 나았다고 할 정도였다.[21]

베르밀리가 처음 스트라스부르에 있던 시기는 그의 초기 신학 사상이 어떤 것이었는지를 아는 일에 있어서 중요한 역할을 한다. 학자들은 세부적인 사항들에 대해서는 다른 해석을 해도 베르밀리 신학의 근본적 특성들은 그가 알프스 산을 넘기 이전에 이미 형성되어 있었다는 것에 대해서는 의견을 같이 한다. 이것은 그의 성찬관에 대해서도 적용될 수 있는 말임이 분명한다. 베르밀리는 당시 스트라스부르 교회의 두 신앙고백서, 즉 <1530년의 아우그스부르크 신앙고백서>(the Augsburg

---

Gymnasium und Akademie in Strassburg 1538-1621 (Wiesbaden: Steiner, 1977), 163.

[20] 이 두 강의안은 성경 주석으로 그의 사후에 출판되었다. Vermigli, *In Primum Librum Mosis, qui vulgo Genesis diciturcommentari* [...] (Zurich: Froschauer, 1569). 이에 대해서는 Emidio Campi, "Peter Martyr Vermigli, Commentator on Genesis," in idem *Shifting Patterns of Reformed Tradition* (Göttingen: Vandenhoeck & Ruprecht, 2014), 187-205를 보라. 또한 Vermigli, *In Lamentationes sanctissimi Ieremiae prophetae* (Zurich: Jacob Bodmer, 1629); 영어역은 *Lamentations,* in *Peter Martyr Library,* vol. 6을 보라.

[21] Simler, *Oratio*, 11ʳ = 영어 역으로는 *The Peter Martyr Library,* vol. 5: *Life, Letters, and Sermons,* 29를 보라.

confession of 1530)와 특히 성찬에 그리스도의 신체적 임재 (bodily presence)가 있다고 부써와 루터가 일치된 견해를 표명한 <1536년의 비텐베르크 콘코드>(the Wittenberg Concord of 1536)에 반드시 서명해야 하는 것은 아니었다는 것을 주목할 필요가 있다.22 이렇게 조치한 이유를 짐작하기란 어렵지 않는다. 나폴리에 있을 때부터 영적 임재설에 가깝게 기울고 있던 새로운 교수가 자신의 입장과 현저하게 다른 성찬설에 서명해야 하는 부담을 주기 싫었던 것이라고 할 수 있다. 그는 이에 대한 자신이 확신을 굳게 견지하고 있었고, 아주 심각하게 투쟁적인 논쟁을 하지는 않지만 필요할 때에는 이 확신을 공개적으로 드러내고 변증했었다. 물론 이것이 그가 진정으로 가깝다고 느끼던 부써와의 우정과 협력을 방해할 정도는 아니었다.* 왜냐하면 다른 신학적 핵심 문제들에서의 일치가 성찬 문제에서의 다름을 훨씬 능가하는 것이었기 때문이다. 그러나 우리가 후에 살펴 볼 바와 같이, 성찬 문제에서의 그들의 의견의 차이가 베르밀리가 스트라스부르에 두 번째 머무르는 시기에 어려움을 주는 원인의 하나가 된다.

---

22 Schmidt, *Peter Martyr Vermigli* , 67; Simler, *Oratio*, 12 「 영어 역, *The Peter Martyr Library,* vol. 5: *Life, Letters, and Sermons,* 30-31; Sturm, *Die Theologie Peter Martyr Vermiglis,* 26-27.

* 부써가 과연 루터와 같이 신체적 임재를 생각했는지가 문제이다. 그는 자신이 쯔빙글리와 루터 중간에서 그러나 쯔빙글리에게 좀 더 가까운 위치에 있으면서 둘을 중재할 수 있을 것이라고 생각했으나 성찬 문제에 있어서는 루터로부터는 격렬한 반대를 받았었기 때문이다. 또한 여기서 우리는 과연 부써가 넓은 마음과 아량을 가지고 있었다는 생각을 할 수도 있다. 이 지역에서는 부써가 상대적으로 강한 위치에 있었기 때문이다(역자 주).

이에 못지않게 주목할 만한 것은 베르밀리가 스트라스부르에 체류하는 동안 작성한 풍성하고 중요한 주석들이 뛰어난 어학 능력과 고전적이고 교부들과 중세의 문헌들뿐만 아니라 유대적 자료와 랍비들의 글들에도 아주 친숙함을 잘 드러내고 있다는 점이다. 이 주석들은 원문에 충실하면서도 다양한 주제들에 대한 여러 논의를 양념처럼 잘 하는 그의 독특한 해석학적 방법을 증언해 준다. 물론 이런 놀라운 학식과 박식함은 무로부터 갑자기 생겨난 것이 아니고, 파두아 대학교에서 학생으로서의 그의 오랜 학문적 훈련과 어거스틴 종단의 사제(Augustinian canon)로서의 고통스러운 개인적 연구의 결과라고 할 수 있다.23 요약하자면, 이 프로렌스에서 도망쳐 온 이 사람은 흔히 인정되는 것보다 훨씬 더 많은 것을 그의 고향으로부터 영향 받아 온 것이다.

그가 스트라스부르에 처음 머문 기간 동안에 베르밀리는 학문적 추구만 한 것이 아니고, 스트라스부르 교회의 삶에도 깊이 관여했다. 이상하게도 학자들은 반드시 주의를 기울여야 할 이 활동에 적절한 관심을 기울이지 않는 듯하다.24 물론 증거가 아주 많은 것은 아니지만, 그의 교회 생활에 대한 관여가 전혀 보이지 않을 만큼 그렇게 희미한 것도 아니다. 오히려, 베르밀리가 시편을 각색하여 만든 수업시간 기도모음집인『거

---

23 Santini, "Pier Martire Vermigli (1499-1562)," 149-51.

24 예를 들어서, Sturm, *Die Theologie Peter Martyr Vermiglis*, 그리고 John P. Donnelly, the editor of *Peter Martyr Vermigli. Sacred Prayers drawn from the Psalms of David*, in *The Peter Marty Library*, vol. 3을 보라.

룩한 기도』(*Preces sacrae*)에 대한 내 연구에서 드러내려고 한 바와 같이, 그는 기독교적 교제 공동체(*christliche Gemeinschaften*)의 수립을 통해 교회의 훈련과 치리를 수립해 보려는 부써의 노력을 뒷받침했다.25 더 많은 것들이 그런 증거로 제시 될 수도 있으니, 스트라스부르의 학자들의 행동들, 목사님들의 모임, 또는 스트라스부르 개혁자들과 칼빈, 멜랑히톤, 불링거, 볼프강 무스클루스(Wolfgang Musculus), 또한 리쳐드 힐레스(Richard Hilles), 요한 부르처(John Burcher) 같은 영국 사람들, 콘라트 게스너(Konrad Gessner)나 하인리히 라바터(Heinrich Lavater) 같은 취리히 사람들이 스트라스부르에서 베르밀리에게 배웠던 분들과의 서간들에 대한 자세한 연구를 하면 그리할 수 있을 것이다.26 안타깝게도 이 분야에 대한 베르

---

25 Emidio Campi, "The *Preces sacrae of Peter Martire Vermigli*," in idem, *Shifting Patterns*, 207-23. 기독교적 교제 공동체 (*Christliche Gemeinschaften*)에 대해서는 다음을 보라: Gottfried Hammann, *Entre la secte et la cité: Le projet d'Église du Reformateur Martin Bucer (1491-1551)* (Geneva: Labor et Fides, 1984), 79-80, 363-67, 431-33; Andreas Gäumann, *Reich Christi und Obrigkeit. Eine Studie zum reformatorischen Denken und Handeln Martin Bucers* (Bern: Lang, 2001), 377-406; 그리고 Martin Greschat, *Martin Bucer: A Reformer and His Time* (Louisville, Ky: Westminster John Knox Press, 2004), 211-17.

26 다음 글들에 나타나고 있는 몇 가지 좋은 시사점들을 보라: Jacques V. Pollet, "La correspondence inédite de Bucer aver Bullinger d'après les archives de Zürich," *Revue d'histoire moderne*" 2 (1955): 133-40 and Jean Rott, "Die Überlieferung des Briefwechsels von Bullinger und den Zürchern mit Martin Bucer und den Strassburgern," in *Heinrich Bullinger 1504-1575. Gesammelte Aufsätze zum 400. Todestag*, ed. Ulrich Gäbler and Erland Herkenrath, 2 vols. (Zurich: TVZ, 1975), 2:257-86; Hobbs, "Strasbourg: Vermigli and the Senior School," 37, n. 8.

밀리 연구는 천천히 진행되고 있다. 그럼에도 불구하고, 이미 밝혀진 자료들만으로도 스트라스부르 교회를 섬기기 위해 그들의 재능을 헌신한 마틴 부써(Martin Bucer), 카스파 헤디오(Kaspar Hedio), 마또이스 첼(Matthäus Zell)과 카타리나 첼(Katharina Zell), 야콥 스투름(Jakob Sturm) 마띠스 파러(Matthis Pfarrer), 니클라우스 니브스(Niklaus Kniebs) 같이 뛰어난 신학자들과 영향력 있는 정치인들의 이름에 피터 마터의 이름도 더할 수 있도록 한다.

마지막으로, 그러나 이것이 덜 중요한 것은 아닌데, 스트라스부르는 또 다른 이유 때문에 중요한다. 바로 여기서 1544년에 베르밀리는 캐떠린 다마르틴(Catherine Dammartin)이라는 이름의 메츠(Metz)에서 온 이전 수녀였던 프랑스 여인과 혼인한 것이다. 8년간의 결혼 생활을 한 후에 그녀는 1553년 2월에 자녀 없이 죽었다. 피터 마터는 1559년 5월에 취리히에서 카테리나 메렌다(Caterina Merenda)라는 이름의 여인과 재혼한다.

스마르칼드 전쟁(the Schmalkaldic War)이 스트라스부르를 소용돌이에 몰아넣게 되자 영국 칸터베리 대주교였던 토마스 크랜머(Thomas Cranmer)가, 개혁 운동이 상당히 인상적인 결과를 남겼고, 챨스 5세가 아우그스부르그 제재(the Augsburg Interim)를 통해 독일 개신교에 강요했던 파괴적인 종교적 절충에 대한 주목할만한 대안을 제시할 정도의 개혁을 이루었던 영국으로 베르밀리를 초청했다. 스트라스부르의 정치적 상황이 더 어려워지자 피터 마터는 스트라스부르 시의 허락을 받아 영국의 초청에 응하기로 하고 1547년 11월에 영국으로 떠나게 된다. 그 얼마 후 이와 비슷한 초청을 받아들이는 것이 유리했다고 판단한 부써도 영국에 오게 된다(1549년 4월 25일). 1548년 봄에 베르밀리는 옥스퍼드 대학교의 왕립 교수(regius professor)로 세워지고, 그는 이 직분을 1553년에 (이 프로렌스로부터 온 개혁 신학자를 필요로 하지 않는 계획을 가졌던) 메리 여왕이 권좌에 오르기 까지 유지한다. 부써는 캠브리지의 왕립 교수로 세워졌고, 그는 1551년에 사망한다.

교사요, 논쟁가요, 저자로서 베르밀리가 영국 교회(성공회)에 미친 광범위하고 오래 동안 계속된 영향력에 대해서는 여러 권의 깊이 있는 연구서들이 잘 드러낸 바 있다.[27] 왜 피터 마터가 옥스퍼드의 왕립 교수(regius professor)라는 중요한 위치에 세워질 수 있었느냐는 흥미로운 질문에 대해서는 아주 분명한 대답이 주어질 수 있다. 크랜머(Cranmer)가 베르밀리를 교회 갱신에 대한 자신의 계획에 대한 강한 반대를 끊고 새로운 영국

---

[27] Philip McNair, "Peter Martyr in England," in *Peter Martyr in Vermigli and Italian Reform*, ed. Joseph C. McLelland (Waterloo, Ont.: Wilfred Laurier University Press, 1980), 85-105; James C. Spalding, *The Reformation of the Ecclesiastical Laws of England, 1552* (Kirksville, Mo.: Sixteenth Century Journal Publishers, 1992); Anderson, *Peter Martyr: A Reformer in Exile*, 85-115, 142-54, 313-55; Salvatore Corda, *Veritas Sacramenti: A Study in Vermigli's Doctrine of the Lord's Supper* (Zurich: TVZ, 1975), 58-78; Donnelly, *Calvinism and Scholasticism*, 176-79; Diarmaid MacCulloch, "Peter Martyr Vermigli and Thomas Cranmer," in *Peter Martyr Vermigli: Humanism, Republicanism, Reformation*, ed. Emidio Campi (Geneva: Droz, 2002), 173-201; Torrance Kirby, *The Zurich Connection and Tudor Political Theology* (Leiden: Brill, 2007), 59-202; Anne Overell, *Italian Reform and English Reformations, c. 1535-c. 1585* (Aldershot: Ashgate, 2008), 103-24.

사제들에게 개혁 신학을 가르치고 주입할 수 있는 자격이 있는 사람으로 보았기 때문인 듯한다. "왕의 권세를 가지고" 옥스퍼드에 파견된 이 프로렌스 출신의 망명자는 자신의 의지에 반하여 어려운 학문적 논쟁에 관여하게 되어『성찬 성례에 대한 논고』(The Tractatio de sacramento eucharistiae) 그리고 『성찬 성례에 대한 논박』(The Disputatio de eucharistiae sacramento)과 같은 박식함을 잘 드러내는 저작을 저술하게 된다. 그런데 이 저술들은 오랫동안 무시되어 왔고 근자에야 연구자들이 검토하기 시작한 저작들이라고 할 수 있다.[28] 옥스포드에 있는 동안 마터는 고린도전서와 로마서를 강의했고, 이는 각기 1551년과 1558년에 출판된다. 이는 아마도 그의 주석들 가운데서 가장 영향력 있는 주석들이었고, 어찌하든지 그의 성경에 대한 저작 가운데서 가장 많이 재판된 책들이라고 할 수 있다. 여기서 우리는 그가 1542년에 이탈리아를 떠나기 전부터 로마서와 고린도 전서에 친숙했었다는 것을 주목해야 할 것이다. 왜냐하면 그가 나폴리와 루카(Naples and Lucca)에 머물고 있을 때에 이미 이 책들에 대해서 강해한 적이 있었기 때문이다.[29]

---

[28] J. Andreas Löwe, "«The bodie and bloud of Christ is not carnallie and corporallie in the bread and wine.» The Oxford Disputation revisited: Zwinglian traits in the Eucharistic Theology of Pietro Martire Vermigli," in *Die Zürcher Reformation: Ausstrahlungen und Rückwirkungen,* eds. Alfred Schindler and Hans Stickelberger (Bern: Lang, 2001), 317-26; idem, *Richard Smyth and the Language of Orthodoxy: Re-imagining Tudor Catholic Polemicism* (Leiden: Brill, 2003); Charlotte Methuen, "Oxford: Reading Scripture in the University," in *A Companion to Peter Martyr Vermigli,* 71-93. 또한 Vermigli, *Oxford Treatise and Disputation of 1549,* ed. Joseph C. McLelland, in Peter *Martyr Library,* vol. 7도 보라.

베르밀리가 얀 라스키(Jan Laski)와 마틴 부써(Martin Bucer)와 함께 영국 교회사의 몇 가지 중요한 사건에 참여했던 것에 대해서는 문헌적 증거가 많이 있다. 특히 잘 알려진 것은 유명한 '복식 논쟁'(vestiarian controversy)에 그가 관여한 것이다. 즉, 존 후퍼(John Hooper)가 취리히에 망명갔다 와서 그로체스터(Gloucester) 주교로 세워질 때에 독특한 성직자 복색과 모자와 기장(the surplice and insigniae)를 착용하는 것을 강하게 거부함으로 일어났던 성직자들의 복색에 대한 갈등에 그가 참여하였던 것 말이다. 또한 1552년 <제 2 공동 기도서>(the *second Book of Common Prayer*)의 마지막 초안을 작성하는 일을 돕도록 요청받아 <주의 만찬에 대한 권면>(an *Adhortatio ad Coenam Domini*)을 작성하여 덧붙이도록 하였고, 또한 그는 1553년의 <42개조>(the *Forty-Two Articles* of 1553) 작성에도 도움을 주었다. 이 근본적으로 교리적인 문서들에는 주의 만찬의 투명한 이해를 비롯하여 루터파적인 것과는 대조되는 점점 더 개혁파적인(increasingly Reformed) 확신이 표현되어 있다. 크랜머 대주교는 또한 1551-53 사이에 이루어진 교회법에 대한 대대적인 개혁인 교회법 개혁(the *Reformation Legum Ecclesiasticarum*) 준비 위원회에 그를 포함시켰다. 맥컬록은 다음 같이 말하고 있다:

---

[29] J. Patrick Donnelly, et al., *A Bibliography of the Works of Peter Martyr Vermigli* (Kirksville, Mo.: Sixteenth Century Journal Publishers,1990), 11-30; McNair, *Peter Martyr in Italy*, 169-72; Frank A. James, III, "Romans Commentary: Justification and Sanctification," in *A Companion to Peter Martyr Vermigli*, 307-308.

피터 마터는 개정 때에 람버트 궁전에서 열심히 작업하고 있었다는
기록이 있다.... 이것은, 의식적으로 트렌트 공의회의 작업에 대항하여서
유럽의 모든 복음주의 교회들을 영국 주도 하에서 다 모으는 크랜머가
1548년에 시작한 큰 계획의 하나였다.... 크랜머는 마터의 이 전유럽적인
이상(European-wide vision)을 공유했던 것이다.30

이것만큼 중요한 것은 영국의 새로운 세대 성직자들을 훈련하려
는 피터 마터의 신학적이고 목회적 노력이라고 할 수 있다.
그의 이전 학생이요 그를 흠모하던 사람으로서 후에 샬리스버리
주교(Bishop of Salisbury)가 되고 『영국 교회에 대한 변호』
(*Apologia Ecclesiae Anglicanae*)와 같은 영향력 있는 책을 쓴
존 주얼(John Jewel)과의 친밀한 우정이 그 좋은 예가 된다.
이와 같은 영국 학생들을 통해서, 뛰어난 신학자로서의 베르밀
리의 명성은 대서양을 넘어 신세계의 청교도들 가운데서 널리
퍼지게 된다.31 근자에 앤드류 페데그리(Andrew Pettegree)가
베르밀리 학자들에게 놀랄만한 발견을 제시한 바 있다. 캠브리
쥐 도서관이 소유한 장서 목록을 비교한 결과 에라스무스, 칼빈,
멜랑흐톤 다음에 네 번째 순위가, 사람들이 예상하듯이 루터나

---

30 Diarmaid MacCulloch, *Thomas Cranmer: A Life* (New Haven-London 1996), 501; idem, "Peter Martyr Vermigli and Thomas Cranmer," in *Peter Martyr Vermigli: Humanism, Republicanism, Reformation*, 173-202.

31 Giorgio Spini, "*Riforma italiana e mediazioni ginevrine nella Nuova Inghilterra puritana*," in *Ginevra e l'Italia*, ed. Delio Cantimori et al., (Florence: Sansoni, 1959), 451-89, repr. idem, *Barocco e puritani. Studi sulla storia del Seicento in Italia, Spagna e New England* (Florence: Vallecchi, 1991), 239-69.

불링거나 부써가 아니라, 바로 베르밀리라는 보고를 내 놓은 것이다.32 물론 개혁자들의 사역과 영향력에 대한 비교는 이와 같은 양적인 연구로만 다 할 수 있는 것이 아니고, 영어로 번역된 작품들도 고려하면 상황이 다르게 제시될 수도 있다. 그러나 이와 같이 인상적인 목록은 다음 같은 사실은 부인할 수 없다는 것을 분명히 해 준다: **베르밀리는 영국 종교개혁에 그의 자취를 [인상을] 남겼다.** 그는 영국 교회의 교사(*doctor ecclesiae anglicanae*)였을 뿐만이 아니라, 영국 교회의 개혁자(*reformator ecclesiae anglicanae*)이기도 했던 것이다.

3. *Martyr, quem extinctum, nunc tegit Helvetia* ("죽은 마터를 스위스가 이제 보호하도다")

이제 그 댓구의 셋째 부분에 이르렀다. "스위스가 죽은 마터를 품고 있다"는 부분이다. 투더 왕조의 메리가 등극함과 함께 피터 마터는 영국을 떠나 다시 스트라스부르로 돌아오게 된다. 알사스 지역의 이 중심 도시에 그가 두 번째 머문 것은 1553년 10월부터 1556년 봄까지이다.33 그 동안 이 도시는 그 신앙고백의 색조가

---

32 Andrew Pettegree, *La réception du calvinisme en Angleterre*, in *Calvin et ses contemporains: Actes du Colloque de Paris 1995*, ed. Olivier Millet (Geneva: Droz, 1998), 261-82, esp. 268-77.

33 베르밀리의 생애에서 이 시기는 근자까지는 비교적 적게 연구 되었다. 몇 가지 유용한 기여가 있었으니 다음을 보라: Corda, *Veritas Sacramenti*, 86-90; Marvin Walter Anderson, *Peter Martyr: A Reformer in Exile (1542-1562): A Chronology of Biblical Writings in England and Europe* (Nieuwkoop: B. De Graaf, 1975), 378-403; Mariano Di Gangi, *Peter Martyr*

좀 바뀌었다. 부써가 불러 일으켰던 평화로운 정신이 그 후계자들 사이에서는 사라져 간듯한다. 스트라스부르 교회 공의회(the ecclesiastical council) 의장격이던 요한 마르바하(Johann Marbach, 1521-1581)는 엄격한 루터파 정통주의의 방향으로 인도하여 베르밀리 같은 개혁 신학자가 있을 여지를 조금도 주지 않았다.34 베르밀리는 이런 상황 가운데서 전혀 자신이 환영받는다고 느낄 수가 없었고, 다른 곳에서 자리를 찾아야 하였다. 물론 이 때 그는 유럽 전체에서 뛰어난 신학자로서의 명성을 누리고 있었음이 분명한다. (튜더 왕조의 메리의 통치가 끝나자마자) 영국으로부터, 그리고 하이델베르크에서, 또한 제네바에서 초청이 왔다. 이 때 베르밀리는 취리히의 청빙을 기쁜 마음으로 수락하여, 당대의 주도적인 히브리어 학자였던 콘라트 펠리칸(Konrad Pellikan, 1478-1556)의 자리인 취리히대학교의 구약 교수직을 계승하게 된다.

취리히에 도착하자마자 베르밀리의 생애에서 가장 풍성한 저작 활동의 기간(the most productive period)이 시작된다.35 취리히 시는 그를 따뜻하게 맞았고 받아들였다. 불링거는 잠시 동안 그의 집에 베르밀리가 기거할 수 있게 해 주었고, 이 두

Vermigli 1499-1562. Renaissance Man, Reformation Master (Lanham, MD: University Press of America, 1993), 127-48.

34 베르밀리가 칼빈에게 보낸 날짜 미상의 편지, CO 16, 142-44.

35 Emidio Campi "Professor in the *Schola Tigurina*," in *A Companion to Peter Martyr Vermigli*, 95-114, 그리고 베르밀리의 취리히 시기에 대한 가장 포괄적인 첫 저서로 Michael Baumann, *Petrus Martyr Vermigli in Zürich (1556-1562): dieser Kylchen in der heiligen gschrifft professor und laeser* (Theological Dissertation, University of Zürich, 2010).

개혁자들 사이에는 깊은 신학적 유대뿐만 아니라, 가슴 깊이 느껴지는 우정이 있었다. 베르밀리가 가르치는 부담을 덜어 주어 그가 연구하고 저작할 수 있는 시간을 가지도록 하였다. 또한 그는 학교와 교회 사이의 좋은 관계를 잘 누릴 수 있었으니, 이것은 그가 스트라스부르에 두 번째 머문 기간 동안 고통스럽게 갈망했던 것이다. 얼마 후 그는 제네바에 있던 이탈리아 피난민 교회의 신자였던 카테리나 메렌다(Caterina Merenda)와 혼인하였고, 그녀로부터 유아기에 죽은 두 자녀와 유복녀가 된 딸 마리아를 얻다. 그의 친구들, 대적자들을 비롯한 수없이 많은 사람들과의 많은 서신 교환을 통해서 그는 제 2 세대의 주도적 개혁자들 중의 하나로 떠오르게 된다. 그의 공로를 인정하여 취리히 시는 그에게 명예 시민권을 부여했다. 베르밀리는 따뜻한 취리히의 환대에 대하여, 그가 취리히 학계(the *Schola Tigurina*)에서 잘 자리 잡고 있음과 취리히 교회와 심지어 취리히 시의 문화에 안착하고 있음을 잘 드러내고 있는,[36] 자신의 취임 연설로 보답하였다.[37] 바로 이것이 베르밀리가 신학적으로

---

[36] 취리히 신학교와 교회의 관계에 대해서는 다음을 보라: Karin Maag, *Seminary or University? The Geneva Academy and Reformed Higher Education, 1560-1620* (Aldershot: Scholar Press 1995); 그리고 *Schola Tigurina: Die Zürcher Hohe Schule*.

베르밀리의 정치 사상과 공화정의 전통에 대해서는 다음을 보라: Robert M. Kingdom, *The Political Thought of Peter Martyr Vermigli: Selected Tets and Commentary*, (Geneva: Droz, 1980); 그리고 Orazio Bravi, "Über die intellektuellen Wurzeln des Republikanismus von Peterus Martyr Vermigli," in *Peter Martyr Vermigli: Humanism, Republicanism, Reformation*, 119-41.

[37] Vermigli, *Oratio quam Tiguri primum habuit cum in loco D. Conradi*

가장 친숙하게 느끼고, 그곳에서 그의 모든 유작들이 발간된 취리히 시와 오늘날 동일시 될 수 있는 이유이다.

베르밀리는 취리히에서의 안정을 그의 필생의 과업이라고 느낀 바인 성경의 해석자(lector in Biblia, interpreter of Scripture)로서의 사명을 완수하는 일에 사용하였다. 1553년부터 1562년까지 그는 사사기, 사무엘서, 열왕기서의 순서대로 정복기부터 분열 왕국 시대를 지날 때까지 이스라엘의 역사에 대한 통일성 있는 계획을 분명히 따르는 주석들을 준비하였다. 베르밀리의 주해에 대한 자세한 분석은 또 다른 연구의 주제가 될 수 있을 것이다.[38] 여기서는 단지 다음 몇 가지 요점들을 언급하는 것으로 만족하고자 한다.

마터의 주해적 작업의 뚜렷한 특성은 성경 본문을 계속해서 주해하면서 곳곳에서 다양한 신학적 주제들(loci communes)에 대한 긴 논의(extensive thematic digressions)를 하고 있다는 데에 있다. 이것은 사실 16세기 개신교의 거의 모든 주석들의 특성이기도 한다. 그러나 마터는 다른 주석가들보다 더 나아가는데, 신학적 주제에 따라서 논의하는 것에서도 항상 설득력 있는 주해적 정당화가 주어져 있기 때문이다. 그리하여, 예를 들어서, 사사기 3:12-30에서 사사 에훗이 에글론 왕을 죽인 것에 대해서 논하면서 폭군에게 저항하는 문제에 대해 논의해야

Pellicani successisset, in Loci communes [...] (Zurich: Froschauer, 1580), 533[r]-536[r]=영어 역, "Inaugural Oration delivered at Zurich," in Life, Letters and Sermons, The Peter Martyr Library, vol. 5, 321-34.

[38] 전체적 개관을 보려면 다음을 보라: Anderson, Peter Martyr: A Reformer in Exile; 그리고 Baumann, Petrus Martyr Vermigli in Zürich.

할 책임을 잘 감당한다. 열왕기서를 주해하면서는 솔로몬이 애굽 바로의 딸과 혼인한 문제를 다루면서(왕상 3:1) 혼혈 결혼의 정당성 문제를 다룬다. 엘리야의 승천(왕하 2:11) 문제를 다루면서는 죽은 자들의 부활 문제로부터 복음주의자들은 천주교회와 따로 섰기에 과연 교회 분리적인가 하는 신앙고백적 논쟁의 문제와 예배당 안에 상(icons)을 놓는 것이 과연 정당한가에 이르는 다양한 문제들을 논의하는 것이다.

그가 인문주의적 교육을 잘 받았기에 베르밀리는 성경 본문의 원형을 사용할 수 있어서 히브리 본문을 기본적 자료로 하고, 중세의 랍비들의 주석들과 70인경도 잘 활용할 수 있었다. 그래서 알레고리적 해석과 유비적 해석을 상당히 버리고 문자적 의미(the sensus litteralis)와 본문에 대한 역사적 의미(the historical sense of the text)에 철저하려고 했다. 오직, 특히 시편과 관련해서, 기독론적 해석의 필요 때문에, 그는 때때로 구약 주해에 있어서 그리스도를 모형론적으로 다루었다.[39] 또한 그는 유대적 기원을 밝히고 수사적 분석을 위해 2차 문헌들을 사용했고, 이를 위해 희랍과 로마의 문헌들도 사용하고 있다. 그는 이 문헌들을 잘 이해하고 자유자재로 사용할 수 있었고, 이 문헌들은 그가 말한 바 "본문에 대한 역사적 설명"의 자료로 잘 사용될 수 있었다. 여기에 교부들의 문헌들, 특히 희랍 교부들의 문헌들도 덧붙여져야

---

[39] John L. Thompson, "The Survival of Allegorical Interpretation in Peter Martyr Vermigli's Old Testament Exegesis," in *Biblical Interpretation in the Era of the Reformation: Essays Presented to David C. Steinmetz in Honor of his Sixtieth Birthday,* eds. Richard A. Muller and John L. Thompson (Grand Rapids: Eerdmans, 1996), 255-71.

하니, 베르밀리는 그의 주석들에서 이 문헌들도 중세 저자들의 문헌들과 같이 잘 알고 자유롭게 인용하고 있기 때문이다.40 요약하자면, 베르밀리는 실제적으로 그의 시대에 인쇄된 모든 저작들을 다 친숙하게 알고 있었다고 할 수 있다. 뿐만 아니라 크리소스톰의 <가이사랴 수도사에게 보낸 편지>(*Chrysostom's Epistola ad Caesarium Monachum*)와 같은 아직 인쇄되지 않은 원고들도 알고 있었다.41 그의 저작 가운데서 이런 고전적 저자들을 어떻게 사용하고 있는지를 한번 보기만 해도 그의 경우에 있어서 인문주의와 종교개혁을 엄격하게 대립적으로 볼 수 있다는 개념을 제거하기에 충분할 것이다.

베르밀리의 저작의 또 다른 측면 하나도 강조해야 하니, 그것은 그의 논증의 명료성(the clarity of his argumentation)과 글 쓰는 스타일의 수려성(the fluidity of his style)이라고 할 수 있다. 바로 이런 특성 때문에 그의 주석이 어떻게 놀랍게도 계속 읽히고 있었으며, 현대의 독자들이 계속해서 그의 주석에 관심을 가지며, 심지어 매력을 느끼게 된다고 할 수 있다. 그러나 더 중요한 것은 학문적 신학을 교회의 삶과 연관시키는 것인데, 그 결과는 철저히 실천적인 것이다. 베르밀리가 진공 가운데서

---

40 Cf. Alfred Schindler,"Vermigli und die Kirchenväter," in *Peter Marty Vermigli: Humanismus, Republikanismus* 37-43; Douglas H. Shantz, "Vermigli on Tradition and the Fathers: Patristic Perspectives from his Commentary on 1 Corinthians," in *Peter Martyr Vermigli and the European Reformations*, 115-38.

41 Cf. Joseph C. McLelland, *The Visible Word of God: An Exposition of the Sacramental Theology of Peter Martyr Vermigli, A.D. 1500-1562* (Edinburgh & London: Oliver and Boyd, 1957), 269.

작업하지 않았다는 것을 다시 강조할 필요가 있다. 그의 엄격한 어의적 분석과 성경본문에 대한 엄격한 해석은 그의 동료 그리스도인들을 훈련시키고, 그들이 일상생활을 하는 방식에 영향을 끼치려는 목적으로 가지고 이루어진 것이다.

이것은 취리히에서 베르밀리 활동의 두 번째 측면에 대해서 생각해 보도록 우리를 인도한다. 그는 단순히 뛰어난 주석가(an outstanding exegete)였을 뿐만이 아니라, 요시아스 지믈러(Josias Simler)가 그의 연설(*Oratio*)에서 베르밀리에 대한 언급한 바와 같이 "뛰어난 신학자"(*praestantissimus theologus*, outstanding theologian)이기도 했던 것이다. 그는 성찬 문제에서 개혁파적 해석의 권위자들 가운데 하나로 폭 넓게 인정되었고; 그는 부써, 불링거, 칼빈과 같이, 칭의는 반드시 성화를 가져 온다는 것을 강조하였다. 그는 또한 이중예정(the double predestination)도 가르쳤다. 그러나 칼빈과는 달리, 하나님의 선택의 강요적 성격을 강조하는 것을 조심스럽게 피하려고 하였다. 그는 또한 교회의 치리를 강조한 개혁파 신학자 가운데 하나로, 그는 치리도 (참된) 교회의 표지의 하나라고 여겼다.

더 나아가서, 직접적으로 그 자신의 저작을 통해서나 간접적으로는 이미 언급한 바 있는 『제2 공동 기도서』(the *Book of Common Prayers*)를 통해서, 그리고 특히 그가 직간접으로 기여했던 『제2 스위스 신앙고백서』(the *Second Helvetic Confession*)와 『하이델베르크 요리문답』(the *Heidelberg Cathechism*)을 통해서 그의 영향력은 그 자신의 명성보다 더 오래 지속되었다고 할 수 있다.[42]

이전에 스트라스부르와 영국에서와 같이, 그는 그의 공식적 학문적 직무를 감당하는 것 외에도 교회와 시 의회에 조언하는 적극적 역할을 하였다. 그가 쓴 몇 가지 보고서는 이미 출판된 것도 있고, 다른 것들은 아직도 취리히 문서 보관소에 남아 있어서 학자들의 검토와 해석을 기다리고 있다. 그는 또한 취리히 목사님들을 대표해서 제네바, 영국, 독일 헝가리, 폴란드의 개인들과 교회들과 수많은 편지를 주고받았다.[43] 또한 종교개혁 시기의 마지막 종교적 회의라고 할 수 있는 1561년 초에 프랑스에서 열린 포아시 협의(the Colloquy of Poissy)에 그가 취리히의 대표로 참여한 것은 잘 알려진 일이다.[44] 그는 지쳐서 프랑스

---

[42] 이 각각의 교리적 문제에 대한 그의 견해를 보려면 *A Companion to Peter Martyr Vermigli*, 321-421을 보라. 제 2 스위스 신앙고백서(the *Second Helvetic Confession*)에 대한 베르밀리의 기여를 보려면 불링거가 손수 쓴 노트, "Initio scripsi hanc confess. anno saluti 1562 & contuli cum D. Martyre, qui probabat plyrimum," in Zentralbibliothek Zürichs Ms.F98, 30a, 그리고 Carl Pestalozzi, *Heinrich Bullinger: Leben und ausgewählte Schriften* (Elberfeld: Friderichs, 1858), 416를 보라. 올레비아누스(Olevianus)와 우르시누스(Ursinus)에게 미친 베르밀리의 영향에 대해서는 Emidio Campi, "Der Heidelberger Katechismus und die «candida ingenia Helvetiorum,»" in *Profil und Wirkung des Heidelberger Katechismus. Neue Forschungsbeiträge anlässlich des 450 jährigen Jubiläums / The Heidelberg Catechism: Origins, Characteristics, and Influences: Essays in Reappraisal on the Occasion of its 450th Anniversary*, eds. Christoph Strohm und Jan Stievermann (Gütersloh: Gütersloher, 2015), 54-71을 보라.

[43] Christian Moser, "Epistolary: Theological Themes," in *A Companion to Peter Martyr Vermigli*, 433-55.

[44] Alain Dufour, *Das Religionsgespräch von Poissy: Hoffnungen der Reformierten und der "Moyenneurs,"* in G. Müller (ed.), *Die Religionsgeschichte der Reformationszeit* (Gütersloh: Gütersloher, 1980), 117-26; 그리고 Andreas Mühling, *Heinrich Bullingers europäische Kirchenpolitik* (Bern: Lang, 2001), 204-15.

로부터 돌아와 앓아 누웠으며, 사람들의 헌신적인 간호에도 불구하고 심각하게 병들어 1562년 12월 12일에 죽었다.[45] 베르밀리는 취리히의 큰 예배당(the Grossmünster)의 회랑(the cloister)에 묻혔다. 그의 장례식 설교는 그의 제자인 조시아스 지물러(Josias Simler)가 담당했는데, 그 설교문의 내용은 남아 있어서 아직도 베르밀리 전기의 토대로 사용되고 있다.

4. 베르밀리의 영향력

베르밀리의 영향력은 결코 그의 죽음과 함께 끝나지 않았다. 오히려 교사로서의 그의 은사는 상당 부분 그의 사후에 출판된 그의 저작들에 녹아 있어서 그에 대한 상당한 존중을 불러 일으켰다.[46] 예를 들어서, 칼빈의 『기독교 강요』와 불링거의 『50 설교집』과 함께 개혁신학의 가장 인정받는 교과서로 인정받는 그의 조직신학인 『신학 총론』(*Loci communes*)은 1576년에서 1656년 사이에 14판이나 인쇄되었다.[47] 프랑스 위그노 목사님인 로베르 마송(Robert Masson) 목사님께서 베르밀리의 논문들과 저작들 이곳 저곳에서 논의들을 찾아내어 칼빈의 『기독교 강요』의 구

---

[45] Cf. Simler, *Oratio* 26ʳ(=영어역, *Life,* 59); 그리고 Heinrich Bullinger, *Diarium (Annales vitae) der Jahre 1504-1574,* ed. Emil Egli (Zurich, 1904, repr. Zurich: TVZ, 1985), 68.

[46] 그의 많은 저작들의 초판과 다양한 판본들에 대해서는 Kurt Jakob Rüetschi, "Gwalther, Wolf und Simler als Herausgeber von Vermiglis Werken," in *Humanism, Republicanism, Reformatiom,* 251-74를 보라.

[47] *Loci communes Petri Martyris Vermilii [. . .]* (London, ex typographia Ioannis Kyngstoni, 1576).

조에 따라 배열한 이 독특한 책으로 스위스, 독일, 화란, 그리고 대서양 양편 모두에서 영어를 사용하는 목사님들이 한동안 훈련받았다고 할 수 있다.

16세기와 17세기의 유럽 개혁 신학에 미친 베르밀리의 영향력에 대한 탐구는 참으로 긴급하고 간절하게 연구가 요청되는 분야라고 할 수 있다. 느슨하게 말한다고 해도, 그런 탐구는 이제까지 사람들이 별로 밟아 보지 못한 큰 대륙을 발견한 것과 비교할 수 있을 정도이다.[48] 이것은 다음 같은 질문에 답하는 일이라고 할 수 있다. 베르밀리의 저작이 어떻게 취리히로부터 독일어를 말하는 스위스와 프랑스어를 말하는 스위스로, 그리고 독일의 개혁파 진영으로 특히 도르트 대회 당시의 화란으로 번져 나갔는가? 그의 저작들이 어떻게 영국과 신대륙의 청교도들에게 알려졌는가? 어떻게 우리가 요하네스 알뚜시우스(Johannes Althusius), 특히 그의 책(the *Politica Methodice digesta*)에 미친 놀라운 영향을 어떻게 설명할 수 있는가? 이런 질문들에 대해서는 아직도 많은 글들이 써져야만 한다. 어찌하든지 이제까지 나온 기본적인 탐구들은 16세기와 17세기 개혁 신학에 베르밀리의 영향력이 얼마나 결정적인지를 밝혀 주었다. 참으로, 지물러의 이른 바 "성령에 의해 영감된 ... 교사"(the teacher... inspired by the Spirit)인 피터 마터 베르밀리를 언급

---

[48] Spini, "Riforma italiana e mediazioni ginevrine nella Nuova Inghilterra puritana", esp. 241-44; Corda, *Veritas Sacramenti*, esp. 86-90; Anderson, *Peter Marty: A ReformerinExile,*378-417; Di Gangi, *Peter Martyr Vermigli*, esp. 127-48; Pettegree, "La réception du calvinisme en Angleterre", esp. 268-77.

하지 않고서 초기 개혁신학을 이해한다는 것 자체가 불가능한다. 다행스럽게도, 연구의 세계는 나뉘어질 수 없고, (베르밀리 연구) 전체에 공헌하는 많은 개인들의 노력에 의존하는 것이다. 한국 학자들이 이 연구의 영역에 동참하기 시작하는 것을 바라보는 것은 큰 기쁨이다. 이 행복한 상호 작용이 계속 되기를 기원한다(Long may this happy traffic continue). (*)

제4장 *
베르밀리의 교회론: 공교회성, 분리 그리고 이단

로마를 떠나 알프스 산을 넘어간, 베르밀리는, 그와 함께 한 개신교 동료들과 더불어, 공교회를 떠났으며 기독교 신앙을 버렸다는 비난을 들어야 했다. 다른 종교개혁의 스승들과 마찬가지로, 베르밀리는 분리주의자이며 이단이라는 비난을 일관되게 반박하면서, 자신은 공교회성을 지닌 교회의 회원으로서 분명하게 자리하고 있음을 확신한다고 주장을 하였다.

교회의 공교회성이라는 말의 정확한 의미를 확정하는 것은 늘 어려운 과제이었으며, 또한 분리(schism)와 이단(heresy)을 구별하는 일은 더 어려운 과제이었다. 5세기의 첫 30년까지 살았던 어거스틴은 이 두 용어들을 구별하여 사용한 반면에, 중세 후기와 근대 초기에는 '분리'는 그저 이단과 동일한 것으로 여겨졌고, 둘 다 공교회성을 공격하는 것으로 여겨졌다.[1] 베르밀

---

* 제4장의 번역자는 김병훈(합동신학대학원 조직신학 교수) 박사이다.

[1] Maureen A. Tilley, "When Schism Becomes Heresy in Late Antiquity: Developing Doctrinal Deviance in the Wounded Body of Christ," *Journal of Early Christian Studies* 15 (2007): 1-21.

리를 이해할 때, 그가 이 용어들을 어거스틴과 같은 의미로 사용을 한 것으로 보는 것이 옳은가? 아니면 그것들을 동의어이며 서로 호환될 수 있는 것으로 이해를 한 것으로 보아야 하는가? 베르밀리는 '거룩한 공교회를 믿사오며'(credo ecclesiam catholicam)라는 고백을 어떠한 신학적 의미로 이해를 하였는가? 본 논문은 베르밀리가 '공교회성' '분리' 그리고 '이단'이라는 세 용어들을 어떻게 사용하였는지에 대해서 살피고자 한다. 이 용어들을 살피는 일은, 그 동안 학계의 많은 주목을 받지 못했음에도 불구하고,[2] 지속적인 중요성을 갖는다. 왜냐하면 그것들은 개혁파 전통의 이후 발전들을 설명해줄 뿐만 아니라 또한 베르밀리의 교회론에 대한 깊은 통찰을 전해줄 수 있기 때문이다.

1. 공교회성(Catholicity)

베르밀리의 교회론을 설명할 때, '공교회성'(catholicity)은 대부분의 사람들에게 첫 번째로 떠오르는 단어는 아니다. 피터 베르밀리의 사상의 모든 측면들을 탄복할 정도로 간결하게 다루고 있는 종합서인 『피터 베르밀리에 대한 안내서』(*A Companion to Peter Martyr Vermigli*)도 공교회성에 대해서는 거의 언급을 하지 않고 있다.[3] 그렇다고 하더라도 공교회성에

---

[2] The topic is briefly discussed by Luigi Santini, "'Scisma' e 'eresia' nel pensiero di P. M. Vermigli,", *BSSV*, 129 (1969): 27-43.

대한 베르밀리의 교훈에 대해서 이처럼 관심을 두지 않는 일은 부당하다. 왜냐하면 공교회성과 관련한 내용은 그의 저술 전반에 걸쳐서 나타나고 있는 근본적인 개념이기 때문이다. 몇 가지 예를 들자면, 피터 베르밀리가 이탈리아어로 쓴 유일한 신학 저술인 『기독교 신앙의 열 두 항목에 대한 명료한 해설』 (*Plain Explanation of the Twelve Article of the Christian Faith*, 1544)과 고린도 전서 주석과 창세기 주석, 그리고 열왕기 상하 주석은 이 주제를 광범위하게 다루고 있으며, 상당히 비슷한 흐름으로 내용을 전개하고 있다.

베르밀리의 용례를 살피기에 앞서서, 먼저 이 개념의 역사를 잠깐 살펴보기로 하자.[4] '공교회성'(catholic)이라는 말은 그리스어 καθόλου에서 파생된 것이며, '보편적인', '모든 것을 포괄하는', 그리고 '전체를 다루는'이라는 의미를 갖는다. 하지만 신약 성경에는 없는 말이다. 그 단어가 처음으로 교회와 관련하여 사용이 된 것은, 안디옥의 이그나티우스(Ignatius of Antioch)가 약 110년 경에 썼던 서머나 교회에 보낸 편지이다. 여기서 그는 그리스도께서 세우신 바와 같이 완전한 상태의 교회, 온전한 교회를 가리키기 위하여 이 말을 사용하였다.[5]

---

[3] *A Companion to Peter Martyr Vermigli*, eds. Torrance Kirby, Emidio Campi, and Frank James III (Leiden, Boston: Brill, 2009).

[4] Peter Steinacker, "Katholizität," *Theologische Realenzyklopädie* 18 (1989): 72-80.

[5] Ignatius, *Letter to the Smyrnaeans* 8:2 in *The Apostolic Fathers*, ed. Bart Ehrman, vol. 1 (Cambridge, MA: Harvard University Press, 2003), 304-305: "Let the congregation be wherever the bishop is; just as wherever Jesus Christ is, there also is the universal church (καθολικὴ ἐκκλησία)."

3세기 초에 이르러서는, 그것은 처음의 뜻을 거의 완전히 대체한 새로운 의미로 사용이 되었다. '공교회(catholic)'이라는 단어의 의미가 '이단적'(heretical)인 것과 구별되며 대립이 되는 '정통적'(orthodox)이라는 개념으로 발전이 되었다. 이러한 생각은 키프리안(220-258)이 그의 유명한 "공교회의 단일성에 대하여"(*De Ecclesiae Catholicae Unitate*)라는 논문과 여러 서신들을 쓰면서 발전시킨 것이었다.

그 후로부터 '공교회적'(catholic)과 '정통적'(orthodox)이라는 용어들은 결국 서로 바꾸어 쓸 수 있는 것으로 간주가 되었으며, 공교회(*ecclesia catholica*)라는 표현은 분리주의자들(schismatics)과 이단들(heretics)의 작은 집회들에 맞서는 폭넓은 교회 공동체(the wider ecclesiatical community)을 뜻하게 되었다.6 어거스틴(354-430)이 그의 논문 "참된 종교에 대하여"에서 "이단들은 원하든 원하지 않든, 카톨릭 교회를 공교회적(catholic)이라고 불러야만 한다."고 썼을 때, 그가 이러한 일반적인 논거를 따르고 있었음은 분명하다.7

---

6 Geoffrey D. Dunn, "Heresy and schism according to Cyprian of Carthage," *Journal of Theological Studies* 55 (2004): 551-574.

7 Augustine, 『참 종교에 관하여』(*De vera religione*) VII, 12, *PL* 34, 128 : "그들이 자신들과 함께가 아니라 외부 사람들과 말을 할 때, 그들이 원하든지 원하지 않든지, 카톨릭 교회를 카톨릭이라는 말 이외의 다른 것으로 부르지를 못한다. 그들이 이것을 이름으로 구별하지 않는다면, 그들의 말은 이해될 수가 없다. 왜냐하면 온 세상에 의해서 그것은 그러한 이름으로 불리고 있기 때문이다."(*Velint nolint enim ipsi quoque haeretici, et schismatum alumni, quando non cum suis, sed cum extraneis loquuntur, Catholicam nihil aliud quam Catholicam vocant. Non enim possunt intelligi, nisi hoc eam nomine discernant, quo ab universo orbe nuncupatur.*) 어거스틴은

'카톨릭'의 의미를 이런 뜻으로 사용하는 일은 4세기에 이미 확실하게 정립이 된 반면에, 세 개의 다른 뜻들도, 비록 처음 것만큼 잘 알려지지는 않았지만, 나타났음을 주목할 필요가 있다. 많은 기독교 저술가들에게 있어서, 교회란 교회 회원들과 관련하여서 그 회원들이 여러 민족들과 문화들과 사회적 지위들에 속한 사람들을 포함하고 있으므로 카톨릭, 공교회인 것이며; 시간과 관련하여 그리스도의 때로부터 세상의 마지막에 이르는 전 시대에 걸쳐 있기 때문에, 카톨릭, 공교회인 것이고; 구원의 능력을 지닌 교회의 메시지와 관련하여서도 그러하다.

동방교회 안에서는 공교회의 의미의 폭이 이와 같이 넓게 나타나고 있다. 동방교회에서는 이 용어의 초기 의미와 일반적인 함의가 모두 사라지지 않았다. 예루살렘의 씨릴(315-386)은 320년에 쓴 그의 『교리문답 강설』(*Catechetical Lecture*)에서 이 말을 탁월하게 설명한다. 그는 "교회가 이 쪽 끝에서 저 쪽 끝까지 전 세계에 걸쳐 흩어져 있기 때문에; 보이는 것들에 관계한 것이든 또는 보이지 않는 것들에 관계한 것이든, 지상의

도나투스파들에 맞서서 공간적으로 또는 지리적으로 광범위하게 있는 교회의 공교회성을 그의 변증 가운데 반복적으로 강조했다. 예를 들어, 『파르티아 사람들에게 보내는 요한 서신에 관한 열 개의 설교들』(*In epistolam Joannis ad Parthos tractatus decem*) 10:8, *PL* 35, 2060: "그리스도께서, 그리고 시편, 즉 성령께서 말씀하신다. '주님의 계명은 지극히 광대하시도다.'; 그리고 누군가는 아프리카에 사랑의 영역을 세우고 있을 것이다! 네가 만일 그리스도를 사랑하기를 바란다면, 온 지경에 사랑을 펼쳐라; 왜냐하면 그리스도의 지체들은 온 세상에 걸쳐 자리하고 있기 때문이다."(*Dicit Christus et Psalmus, id est, Spiritus Dei, Latum mandatum tuum valde; et nescio quis ponit in Africa fines charitatis! Extende charitatem per totum orbem, si vis Christum amare; quia membra Christi per orbem jacent.*)

것에 관계한 것이든 또는 천상에 관한 것이든 [...] 사람이라면 마땅히 배워야 할 모든 진리들을 교회가 완전하게 어디에서든지 가르치기 때문에; 교회는 귀족이든지 평민이든지, 배운 자이든지 배우지 못한 자이든지, 모든 종류의 사람들을 다 모아 올바른 예배를 드리도록 하기 때문에; 그리고 마지막으로, 교회가 몸이나 영혼으로 지은 온갖 종류의 죄들을 치료하고 고치기 때문에," 교회를 공교회적(catholic)이라고 부른다.[8]

    서방의 라틴 교회는, 공교회성의 개념을 점점 더 형식화하였으며, 승리한 자의 태도로 중세 기독교라는 거대한 몸체를 공교회로 주장하였다. 이러한 발전은 초기 단계에 르렝의 뱅상(Vincent of Lérin, 445년에 죽음)이 434년에 쓴 『교훈집』(Commonitory)에서 "공교회적"(catholic)의 유명한 정의를 내리고 있는 것에서 잘 드러난다. '공교회적'이란 "모든 곳에서, 항상, 그리고 모든 사람들이 믿어 온 것"(quod ubique, quod semper, quod ab onmibus creditum est)이다. 그러므로 이른바 뱅상이 제시한 표준에 따르면, 공교회(Catholic Church)의 규명은 세 가지 기준에 근거한다: 보편성(universality), 고대성(antiquity), 그리고 일치(consent).[9] 토마스 아퀴나스는 늘 그렇

---

[8] *Catechesis* 18. 23; *PG* 33, 293. Engl. transl: *Cyril of Jerusalem and Nemesius of Emesa,* ed. William Telfer (Philadelphia:WestminsterPress,1955), 186. See also Russel P. Moroziuk, "Some Thoughts on the Meaning *Katholike* in the Eighteenth Catechetical Lecture of Cyril of Jerusalem," in *Studia Patristica* 18 (1986):169-178.

[9] 뱅상이 제시한 표준을 담고 있는 라틴어 본문을 위해서는 다음을 보라. 『교훈집』 *Commonitorium,* II, 2-3, *The Commonitorium of Vincentius of Lérins,* ed. Reginald Stewart Moxon (Cambridge: University Press, 1915),

듯이 명료하게 공교회성에 대한 중세의 일치된 견해를 다음과 같이 제시한다:

교회는 공교회적, 즉 보편적이다. 첫째로, 그것은, 전 세계적으로 존재하므로, 장소와 관련해 보편적이다 [...] 둘째로, 교회는 인류의

7-11. 영문을 위하여서는 다음을 볼 것. *The commonitory of Vincent of Lerins*, transl. by C. A. Heurtley. *Nicene and post-Nicene fathers of the Christian church*, eds. Philip Schaff and Henry Wace. Series II, vol. 11 (New York: Cosimo Classics, 2007), 132: "그러나 여기서 어떤 이들은 아마도 물을 것이다. 성경의 정경은 완성이 되었고, 그 자체로 모든 일에 충분하며, 충분 그 이상인데, 그것에다가 교회의 해석적 권위를 더하는 것이 무슨 필요가 있는가? 그것이 이러한 이유 때문이다: 성경의 깊이로 인하여 모든 이들이 그것을 하나의 동일한 의미로 받아들이지 않으며, 어떤 이는 그 말을 이런 식으로, 다른 이는 다른 식으로 이해를 한다; 그래서 해석자들의 수 만큼이나 많은 해석들이 가능하게 여겨진다. 노바티안(Novatian)은 그것을 나름대로, 사벨리우스(Sabellius)는 다른 식으로, 도나투스(Donatus)는 또 다른 식으로, 아리우스(Arius), 유노미우스(Eunomius), 마케도니우스(Macedonius) 등은 또 다른 식으로, 포티누스(Photinus), 아폴리나리스(Apollinaris), 프리실리안(Priscillian)은 또 다른 식으로, 요비니안(Iovinian), 펠라기우스(Pelagius), 켈레스티우스(Celestius)는 또 다른 식으로, 그리고 끝으로 네시토리우스(Nestorius)는 또 다른 식으로 설명을 한다. 그러므로 이처럼 대단히 복잡한 여러 가지 오류들 때문에, 선지자들과 사도들을 올바르게 이해하기 위한 규칙이 공교회적인 해석의 표준에 따라 제정이 되어야 할 필요가 있다. 게다가, 공교회 안에서도, 어디에서나, 항상, 모든 이들이 믿어온 믿음일 지키기 위하여 가능한 모든 주의가 기울여져야만 한다. 왜냐하면 그것은, 바로 이름 그 자체와 그 이름의 이유들이 천명하고 있는 바대로, 모든 것을 보편적으로 포괄하는, 참되며 엄격한 의미에서의 공교회적(Catholic)이기 때문이다. 우리가 보편성(universality), 고대성(antiquity), 일치(consent)를 따른다면, 이 규칙을 지키게 될 것이다. 보편성을 따른다는 것은 전 세계에 있는 전 교회(the whole Church)가 고백하고 있는, 바로 그 하나의 신앙을 참 된 것으로 고백을 하는 것을 말하며; 고대성을 따른다는 것은 우리의 거룩한 선조들과 교부들에 의하여 견지되어 온 것으로 알려진 분명한 해석들에게서 결코 이탈하지 않는 것을 말하며; 일치란, 마찬가지로, 모든 사람들이, 적어도 거의 모든 사제들과 박사들이 찬성한 정의들과 결정사항들을 고대성 그 자체로 고수하는 것을 말한다."

모든 조건들과 관련하여 보편적이다. 왜냐하면 주인이든지 종이든지, 남자든지 여자든지, 어떤 예외도 있지 않기 때문이다; [...] 셋째로, 시간이라는 측면에서도 보편적이다. 어떤 이들은 교회가 정하여진 어떤 시간까지만 존재할 것이라고 말했다. 그러나 그것은 잘못된 주장이다. 왜냐하면 교회는 아벨의 시대에 존재하기 시작하여 세상 끝 날까지 계속될 것이며, 하늘에서도 여전히 존재할 것이기 때문이다."10

이제, 종교개혁의 시대로 가보자. 단일하며 거룩하며 공교회적이며 사도적인 교회(*Una, sancta, catholica et apostolica ecclesia*)에 대한 믿음이 전체 종교개혁 신앙의 필수적이라는 것은 명백한 사실이다.11 어떤 경우이든, 피터 베르밀리에게 있어서,

---

10 라틴 본문은 다음을 보라. *In Symbolum Apostolorum* 9, in *S. Thomae Aquinatis Opera Omnia*, ed. Roberto Busa, vol. 6 (Stuttgart – Bad Canstatt: Frommann-Holzboog, 1980), 20. English translation : *The Catechetical Instructions of St. Thomas Aquinas*, ed. Joseph B. Collins (New York: J.F. Wagner [1939]), 44.

11 전 종교개혁 운동을 설명할 때, 그것은 실제적이며, 보이는 그리고 보편적인 교회에 대한 신약성경의 이해를 진지하게 받아들이는 시도였다고 하는 것은 공정한 설명일 것이다. 다음을 보라. *The catholicity of the Reformation*, eds. Carl E. Braaten and Robert W. Jenson (Grand Rapids, Michigan : Eerdmans, 1996). On Luther see, Dorothea Wendebourg, "Kirche," in *Luther Handbuch*, ed. Albrecht Beutel (Tübingen: Mohr Siebeck, 2005), 403-414; On Melanchthon, see Athina Lexutt, "Verbum Dei iudex : Melanchthons Kirchenverständnis,"in *Konfrontation und Dialog : Philipp Melanchthons Beitrag zu einer ökumenischen Hermeneutik* (Leipzig : Evangelischer Verlags-Anstalt 2006), 27 – 44; on Bucer see, Reinhold Friedrich, *Martin Bucer – 'Fanatiker der Einheit'* (Bonn: Verlag für Kultur und Wissenschaft, 2002) ; on Calvin see, Jon Balserak, *Establishing the remnant church in France : Calvin's lectures on the Minor Prophets, 1556-1559* (Leiden : Brill, 2011). 게다가, 벨직 신앙고백서 27항은 교회의

"공교회적"(catholic)이라는 말은, 18세기 이래로 일부 개신교 신자들이 당황스러워 하듯이, 그렇게 당황스러운 말이 아니었으며, 오히려 그것은 그리스도의 교회의 본질적인 성질이었다. 흥미롭게도 클라우스 스투름(Klaus Sturm)은 피터 베르밀리의 신학에 대한 심층 깊은 연구의 부제로 "종교개혁의 아버지들 가운데 개혁된 카톨릭 신자"(Ein Reformkathoik unter den Vätern der Reformation)라는 놀라운 이름을 붙였다.12 베르밀리는 뱅상의 표준을 받아들이는 데에 아무런 어려움이 없었던 듯하다. 그는 공교회성에 대한 토마스 아퀴나스의 정의를 거부하지도 않았다. 베르밀리는 그의 책 『기독교 신앙의 열 두 항목에 대한 명료한 해설』(*Plain Explanation of the Twelve Article of the Christian Faith*)의 한 구절에서 다음과 같이 쓰고 있는데, 이는 사도신경에 대한 아퀴나스의 주해를 반영하고 있음이 틀림이 없다:

> 교회가 "공교회적"이라고 고백을 하는 이유에 대한 설명이 없어서는 안 되겠다. 그 말은 그리스어에서 파생된 것이며, 보편적이라는 것 이외에 다른 의미를 나타내지는 않는다. 교회는 어떤 장소에는 없고

공교회성에 대한 아름다운 진술을 보여준다. 또 하이델베르크 요리문답 54문항은 하나님 아들께서 온 인류 가운데서 세상의 처음부터 끝 날까지 그의 교회를 불러내시어 참된 신앙의 일치를 이루도록 하신다고 말한다. 제 2 스위스 신앙고백서(1566)는 하나님의 공교회와 거룩한 교회에 대한 긴 장(17장)을 싣고 있다.

12 Klaus Sturm, *Die Theologie Peter Martyr Vermiglis während seines ersten Aufhenthalts in Strassburg 1542-1547. Ein Reformkatholik unter den Vätern der reformierten Kirche* (Neukirchen-Vluyn: Neukirchener Verlag, 1971).

다른 장소에만 있는 식으로 제한적으로 존재하지 않는다. 교회는, 하나님이 보편적이신 것처럼, 보편적이다. 하나님은 그의 백성들이 모든 곳에 흩어져 있기를 기뻐하신다. 하나님께서는 사람들을 외모로 취하시는 일이 없다. 하나님은 농민들이든지 장인들이든지, 남자들이든지 여자들이든지, 귀족들이든지 하인들이든지, 가난한 자들이든지 부한 자들이든지, 야만인들이든지 문명화된 자들이든지, 마치 그들의 지위를 보고 그들을 선택하고자 하시는 것처럼, 누구에게도 편애를 주지 않으신다. 오히려 전 세계에서 그리고 모든 종류의 사람들에게서 그의 주권적인 은총으로 얼마간의 사람들을 자신에게로 모으신다. 그렇게 하여 우리는 모든 종류의 사람들이 다 참여를 하는, 하나의 보편적인 몸인 교회를 갖게 된다.[...] 마귀적인 공격들에도 불구하고, 참된 보편적인 공교회는 여전히 존재를 하며, 보편적인 하나의 몸이 사방에서 모든 종류의 사람들을 다 모으는 때인, 심판의 날에 이르기까지 계속해서 존재할 것이다.[13]

베르밀리가 사실 뱅상과 아퀴나스의 정의들을 본래 있던 그대로 사용을 하고 있음에도, 그것들을 특정한 방식으로 해석하고 있다고 사실은 중요한 의미를 갖는다. 그는 교회가 온 세계에 흩어져 있는 택함을 받은 자들의 공동체라는 점을 강조한다. 이 주제는 다른 글에서도 종종 나타난다. 예를 들어, 창세기 주석은 이렇게 적고 있다: "교회는 이 땅에서 나그네이다. 동일한 장소에 자리를 잡고 눌러 있는 법이 결코 없다."(Ecclesia in terris vagabunda, numquam fere sita eodem loco)[14] 그리고

---

[13] Peter Martyr Vermigli, *Plain Explanation of the Twelve Articles of the Christian Faith*, in *Early Writings* (Kirksville, MO: Sixteenth Century Journal Publishers, 1994), 61-62.

[14] Peter Martyr Vermigli, *In primum librum Mosis, qui vulgo Genesis*

고린도전서 주석은 더욱 강력하게 말한다: "보편적, 곧 어디에나 흩어져 있는 것은 교회의 고유한 속성이다."(*Ecclesiae proprietas, quae est ut sit catholica, hoc est ubique sparsa*)[15]

---

dicitur, Tiguri: Excudebat Christophorus Froschouerus, 1579 (hereafter *Comm. Gen*) chap. 8:20, 35v. See also Gen 38:1, 149v : "자신의 조상의 가문과 땅에서 쫓겨난 자는 필경 나그네라 일컬어진다. 그리고 그것이 아브라함 그리고 그 다음에 이삭과 함께한 조상들의 상태이었다. 그러므로 성경은, 교회의 성도들이 자신들을 나그네로 이해하도록 하기 위하여, 기꺼이 이 이름으로 약속된 땅을 구별하여 표하기를 원한다. 이것을 참으로 깨닫고, 떠날 길에 대해 생각을 하며, 열중하는 사람은 그 여행 길에 필요한 것, 곧 하나님의 계명에 순종하고 지키는 일과 연결이 되어 있을 유효적 신앙을 잃어버리게 되는 일이 없을 것이다. 이는 다윗이 주님에게 '나는 외인이요 나그네이오니, 주의 계명들을 내게 숨기지 마소서'라고 말하였던 바 때문이다."(Is planè dicitur peregrinus, qui à stirpe vel terra suae originis est avulsus, & ista fuit patrum conditio cùm Abrahami, tum etiam Isachi. Libenter ergo sancta scriptura isto titulo vult insignire terram repromissam, ut sancti in Ecclesia se peregrinos intelligát. Qui hoc verè sentiunt, de abitu cogitant, atque student ne in ipso itinere destituantur viatico, id est efficaci fide, quae copulata sit obedientiae & observationi mandatorum Dei. Dicebat enim David Domino, Quia advena sum & peregrinus, Deus, ne à me abscondas mandata tua)

[15] Peter Martyr Vermigli , *In selectissimam S. Pauli priorem ad Corinthos Epistolam*, first ed. 1551 (Tiguri: Apud Christophorum Froschoverum, 1579 (hereafter, *1 Ep. ad Corinthos*) , chap. 1:2, 5v: " ... 이 말들로써 보편성, 곧 어디에나 흩어져 있다는 것이 교회의 고유한 속성이라는 것이 선포가 된다. 로마교회만을 교회로 간주하는 이들은 대단히 잘못을 범하는 것이다. 교회 안에 질서가 있다는 것을 부인하지는 말자. 하지만 이 세상의 재물과 지위에 의존하는 사람을 우리는 인정하지 않는다. 그러므로 영적으로, 교리적으로 그리고 거룩함으로 더욱 풍요로운 교회가 있다면, 그것이 교회들 가운데 더 낳은 것으로 간주되어야 한다. 그리스도께서 계승들과 주교좌들 같은 것들에게 자신의 은혜를 묶어 두지 않으셨음에도 불구하고, 하지만 오늘날 사람들은 그런 것들을 탄복하여 바라본다. 만일 로마에서나 콘스탄티노플에서 교리가 손상을 입고, 성례들이 불완전하게 되고, 권징이 부패하게 된다면, 어떻게 그러한 교회들을 다른 교회들보다 탁월하다고 결정을 내릴 수가 있겠는가? 이런 일이 일어난다면 그것은 가시나무에서 포도를, 엉겅퀴에서

교회의 보편성이라는 관점은 여전하지만, 인간의 성취로는 말할 것도 없고, 지상의 실현으로도 결코 설명이 되고 있지 않는다. 교회는 하나님에게 너무나도 소중한 것이기 때문에, 하나님께서는 교회가 그 존재를 사람들의 노력에 의존하도록 하지를 않으신다. 사도들이 세운 예루살렘, 안디옥, 알렉산드리아, 에베소, 그리고 고린도 교회들의 운명은 인간이 신실하지 못하더라도 하나님께서 그의 교회를 보존하지 못하도록 할 수가 없다는 사실을 성도들에게 일깨워준다. 교회가 참으로 보편적이게끔 만드는 것은 그것이 하나님의 주권적인 은총으로 말미암아 시작

무화과를 찾는 것과 다른 일이 아닐 것이다. 한 때는 예루살렘, 안디옥, 알렉산드리아, 에베소, 고린도 그리고 다른 그런 종류가 다 사도적 교회들이었다. 그런데 오늘날 그곳에 무엇이 있는가? (오 슬프게도) 많은 오류들, 미신들 있으며 터키에서는 그것들이 불순한 오염을 타락시키기에 부족하지 않는다. 교회는 보편적이어야 한다: 장소들이 신자들을 분리하지 않는 법이다. 또한 반대의 경우도 아니다. 크리소스톰이 말한 바와 같이, 장소는 만일 그것이 하나라면 연결을 짓는 법이다."("...Indicaturque his verbis Ecclesiae proprietas, quae est ut sit catholica, hoc est ubique sparsa. Errant vehementer, qui solam Romanam habent pro ecclesia. Non inficiamur inter ecclesias ordinem esse, verùm non eum concedimus, qui pendeat ab opibus & dignitatibus huius mundi. Quare inter ecclesias illa potior est habenda, quae spiritu, doctrina & sanctitate magis floreat. Sed hodie tantum succesiones & cathedras admirantur, cùm tamen Christus his rebus gratiam suam non alligarit. Quòd si Romae, aut Constantinopoli, vitiata sit doctrina, mutilata sacramenta, & disciplina corrupta, quomodo eas ecclesias, quasi caeteris praestantiores, consulere potuerimus? hoc perfecto nihil aliud esset, quàm uvas à spinis, & ficus à tribulis quaerere. Fuerunt olim ecclesiae Apostolicae, Ierusalem, Antiochia, Alexandria, Ephesus, Corinthus, &aliae id genus. At hodie quid illic est? Multi (pro dolor) errores, superstitiones, & parum abest quin in Turcicam impuritatem degenerent. Esto Catholica ecclesia: quia loca credentes non dirimunt, sicuti nec vicissim, ut inquit Chrysostomus locus etiam si unus fuerit, coniungit."

이 되며 또한 존재한다는 사실이다.

교회의 공교회성은, 다른 속성들(단일성, 거룩성, 그리고 사도성)과 마찬가지로, 경험하여 파악할 수 있는 것이 아니다. 그것은 하나님에게 존재의 근원을 두고 완성을 이루는 하나의 신비(mystery)이다. 이러한 관점에서 볼 때, 전 세계에 흩어져 있는 공교회(catholic church)는 하나님에게만 알려지며, 하나님에게만 보이고 우리에게는 보이지 않는다. 그것은 오직 믿음에 의해서만 식별이 되며 두려움과 떨림 가운데 고백된다.16 교회의 보편성은 세상으로 하여금 하나님의 영광을 좀 더 확실하게 볼 수 있도록 한다는 점에서 그 이유를 갖는다. 그러므로 교회는 "교회의 성도들로 하여금 자신들을 나그네로 여기게끔 하라"(*Sancti in Ecclesia se peregrinos intelligat*)는 명령에 따라 세상 속으로 보냄을 받는다. 교회의 성도들은 여러 세력들에 둘러싸여, 각 민족과 방언과 문화에 부딪치는 가운데, 하나님

---

16 Vermigli, *Plain Explanation*, 60-61: 어떤 이들은 의아하게 여기며 물을지 모른다. "하지만 참된 교회는 세상에서 분명하게 눈에 띄지 않는 이유가 무엇인가? 결국 우리는 사람들이 모여서 예수 그리스도를 부르며 고백하고 찬양을 하는 것이 보지 않는가? 우리가 믿는 바를 볼 수가 없어야만 하는가? 우리를 둘러싸고 있는 모든 것들이 우리의 지각에 분명하다면 우리는 그것들을 근거가 있는 것으로 여기는 것이 분명 마땅한 일이다." 이에 대해서 우리는 일반적으로 '그리스도인들'이라고 불리는 무리들을 단지 보았다고 하여 그것을 믿지는 않는다고 답을 한다. "왜냐하면 그들이 외적으로 기독교와 관련한 행위들을 하지만, 그 까닭이 감각에 의하여 인도를 받을 것이기 때문일 수도 있기 때문이다. 참된 교회는 인간의 작품이 아니다. 이교도나 철학자는 아마도 이러한 모임이나 회중들이 단지 인간의 동의나 불일치를 바꾸고 스스로 여러 시간들과 장소들에서 드러냄으로 탄생한 한낱 인간의 분파인 것으로 말할지 모른다. 그러나 우리는 교회란 이미 선포한 바대로 사람이 아니라 그리스도의 영의 일이라고 단언한다."

나라의 대사로서, 이방 나라에서 살아가는 나그네인 줄로 자신들을 이해한다.[17]

이것에 더하여, 교회의 공교회성에 내재되어 있는 흩어짐이란 공간적이면서도 또한 시간적이다. 베르밀리는 어거스틴의 생각을 반영하여, 교회는 구약 성경의 족장들과 함께 시작을 하였고 세상의 끝 날까지 계속될 것이며, 그 날에 지상의 형태가 변화하여 하늘의 교회가 될 것이라고 말한다. 이것은, 한 편으로는, 각 세대의 기독교인들은 그들의 조상들 그리고 후손들과 교제를 한다는 사실을 의미한다. 다른 한 편으로는, 교회가 평온한 가운데 그리스도의 재림을 기다릴 수 있도록 하기 위하여, 주로 세속적 관심들에 의해 이끌리는 행위들을 삼가야 할 필요성이 있음을 말해준다.

좀 더 많은 예들이 인용될 수가 있지만, 이 정도의 간단한 언급으로, 베르밀리가 '공교회적'(catholic)이라는 말을 사용할 때 무엇을 마음에 두었는지에 대한 기본적인 개념을 요약하기로 한다.

그런데, 그는 또한 그 시대의 개신교를 변호하는 전통에 따른 논쟁적인 접근을 한다. 예를 들어, 베르밀리가, 역사적이며 당대의 주장들을 제압하면서 이르기를, "유일한 공교회라고 불리기를 원하는 교회가 오늘날 다른 어떤 것보다도 더욱 공교회성을 나누고 또한 파편화해버렸다."[18]고 주장하였을 때, 그의

---

[17] See note 14.
[18] Vermigli, *Plain Explanation*, 62.

말은 더 신랄한 말이 거의 없을 정도이었다. 때때로, 성경 연구와 교부학 연구를 그만의 독특한 방식으로 결합하여, 공교회성은 단지 지리와 고대성과 다수의 문제라는 생각을 조롱하였다. 왜냐하면 그의 주장에 따르면 케케묵은 옛 표현들은 완전히 잘못된 이해를 주며, 또한 진리란 본래 소수자에게, 때로는 몇 안 되는 사람에게만 있기도 하기 때문이다. 또한 그는 강력하게 주장하기를, 그리스도께서 교회에 무결점(indefectibility)이라는 선물을 약속하셨다하더라도, 그것으로 인하여 교회의 각 부분이 이단이나 배도를 겪지 않을 것임을 보장하는 것은 아니라고 말하였다. 그 약속이 공교회(the Catholic Church)에 주어진 것은 사실이지만, 개별 교회들은 부패할 수도 있으며, 이단에 빠질 수도 있고, 심지어는 배도를 하는 일도 나타난다.

이러한 냉혹한 비평은 공교회라는 말의 의미를 피상적으로 해석하는 것에 대해, 베르밀리가 만족하지 못하고 있음을 간접적으로 말해준다. 공교회성을 단순히 공간이나 고대성이나 다수의 측면으로 이해하는 해석들이 부적절한 까닭은, 공교회성이란 무엇이며 또한 공교회성이 교회의 진정한 권위, 곧 성경과 어떠한 관계를 갖는지에 대한 보다 더 깊은 이해가 없이, 그것만으로 유지될 수 있는 것이 아니기 때문이다. 교회의 보편성과 관련하여 베르밀리가 로마교회를 논박하였던 점은 바로 이 점이었다.

이 온유한 플로렌스 사람이 논박을 통해 논증하고자 한 것은, 하나님의 말씀이 교회를 구성할 때에야 비로소 교회는 진실로 그리고 엄격한 의미에서 공교회가 된다는 사실이다. 베르밀리는 교회가 참된 공교회가 되려면 성경의 권위 아래에 있어야 한다는 자신의 견해에서 한 발짝도 움직이지 않았다. 비록 그가 정말로 주목하기를 바랐던 것이 "공교회의 동의"(consent of the catholic Church)이었던 것처럼 보이질 모르지만, 구약성경과 신약성경이 논쟁을 종식시킬 수 있는 두 개의 유일한 권위들(*arbitri*)이다.[19] 하지만, 이것은 단순히 기록된

---

[19] Vermigli, *1 Ep. ad Corinthos, praefatio*, 2r: "거룩한 문헌들의 진리를 조사하기 위해서, 하나님의 말씀 이외에, 확실한 표지로 사용하기로 한 다른 어떤 것이 있는가? 성경 가운데 불분명한 부분에 대해서는 우리가 좀 더 명료한 것으로 여기는 다른 것들을 통해서 판단하는 것은 적합한 일이므로, 그리스도께서는 자신의 교회에 구약성경을 주셨다. 그것의 권위는 지극히 확고하며 (마니교도들, 마르시온주의자들, 그리고 그런 류의 염병들로 하여금 마음껏 으르렁거리도록 해라), 그 결과 그것을 통해 옛 그리스도인들은 신약성경에 대해서 또한 판단을 하였다. 사도행전 17장은 데살로니가 사람들에 대하여 그들이 바울의 말을 듣고, 바울에게서 받은 대로 그렇게 받을 것인지, 아니면 다르게 받을 것인지를 살펴보기 위하여, 성경에 대하여 토론을 하였다. 또한 아우구스티누스는 기독교 교리에 관한 설교를 하면서, 자신은 성경의 곳곳을 비교하여 살피며, 또한 교부들의 판단을 연구하기 위하여, 교회의 정의들, 또 교회법령들 또는 인간의 전통을 탐구하기 위하여, 성경을 살피는 이를 그만두지를 않는다고 가르친다. 우리가 신성한 문헌들의 신실한 해석자들이라고 가르친 이 두 권위들 (역주: 즉 구약과 신약성경)에다가 공교회의 동의와 변치않는 권위를 흔쾌히 더한다."("Aliud praeterea est, quo ut nota certa utemur ad veritatem indagandam sacrarum literarum, ipsum in quam verbum Dei. Quoniam de una parte Scripturae obscuriori, convenit ut per alteram iudicemus, quam viderimus clariorem, dedit Christus Ecclesiae suae vetus Testamentum, cuius authoritas (ringantur quantum velint Manichaei, Marcionitae, ac huiusmodi pestes) firmissima est, ita ut per illud veteres Christiani de novo quoque Testamento iudicaverint. Actor. 17. scribitur de Thessalonicensibus, quod audito Paulo se ad Scripturas contulerint, inspecturi, num sic haberent, ut à Paulo acceperant, an secus. Et Augustinus de doctrina Christiana, suum concionatorem format, docetque ut loca Scripturae inter sese conferat, neque illum remittit ad patrum sententias investigandas, quaerendas Ecclesiae definitiones, aut canones, vel traditiones hominum. Ad hos duos arbitros, quos iam docuimus fideles interpretes esse literarum divinarum, consensum authoritatemqueve constantem Ecclesiae catholicae libenter adiungimus.")

또는 선포된 말씀을 의미하지 않는다. 왜냐하면 말씀 자체가 신앙으로 이끄는 것은 아니기 때문이다. 그것은 도리어 성령과 함께 연결이 된 말씀이다.[20] 여기서 공교회성의 의미는 정점에 이른다. 실로, 공교회성이라는 새로운 개념은 그것이 말씀과의 만남을 통해서 나오게 된다. 두 개의 용어들은 서로 직접적으로 관련이 있다. 왜냐하면 공교회성은 교회가 성경 안에 계시된 진리 전체를 전적으로 고수하는 데에서, 그리고 모든 시대를 통하여, 모든 장소에서, 모든 민족들에게서 보편적으로 모아진다는 점에서, 교회의 성격을 특징짓는 말이기 때문이다. 이전보다 더욱, 교회의 보편성은 하나님의 말씀의 보편성이라는 질문의 압박을 받게 되었다. 그리고 그것의 보편적인 측면에 대해서는 어떤 의문도 있을 수가 없게 되었다.

2. 분리와 이단(Schism and Heresy)

『논제총람』(*Loci communes*)의 제 4권 6장이 다루고 있는 내용은 "개신교는 교황주의자들에게서 분리를 하였으므로 분리주의자들이라 불려야 하는가"라는 신학논제이다. 이것은 베르밀리가 다룬 분리(schism)의 문제에 대한 가장 중요한 논제들 가운데 하나이며, 아마도 가장 중요한 논제라고 말할 수 있을 것이다. 그것은 취리히에서 행한 연속 강연에 기초하여 쓴 열왕

---

[20] Vermigli, *Plain Explanation*, 64: 교회란 사람들이 "성령 하나님의 내주하시는 능력을 ... 통하여 하나님의 뜻을 외적으로 증언하는 성경"을 고수하는 곳이다.

기 하 주석에서 나온다. 이것은 그가 1562년에 사망하기 전 마지막 책이며 1566년에 출판이 되었다.21

물론, 그는 진공상태에서(*in vacuo*) 자신의 견해에 이른 것은 아니었다. 칼빈이, 그의 1539년판 『기독교 강요』에서, 또 1543년 확장판 『기독교 강요』에서, 그리고 다시 고린도전서 주석(1546년)에서, 이미 개신교가, 로마교회에서 분리를 행함으로, 공교회(the Catholic Church)에서 분리를 행한 것인가의 질문을 다루었다는 사실은 잘 알려져 있다.22 칼빈은 분리와 이단을 본질에 따라 구별을 한다. 칼빈의 주장에 따르면, 종교개혁 운동은, 그것이 몇몇 특정한 교회적 구조들과 실천들에게서 필연적인 분열을 하고 있음을 보여주는 반면에, 교회를 조각내거나 새로운 교회를 만든 것과 같은 의미에서 분리를 한 것으로 이해가 되어서는 안 된다. 그러기는커녕, 오히려 원시 단계의 교회에 대한 필연적인 개혁으로 이해가 되어야 한다. 이와는 달리, 트렌트 공의회는 1552년에 "기독교 연방의 곳곳에

---

21 참고구절들은 『논제총람』(*Loci communes*)의 1583년 라틴어 판 (앞으로 *LC*, 책, 장, 쪽수로 표기함)과 또 1583년 영어 판 *Common places* (앞으로 *CP*, 책, 장, 그리고 쪽수로 표기함. 여기서는 *LC* IV, 6, 788-809; *CP IV, 6, 68-96*. 영역 판은 베르밀리, 『초기작품선집』 171-224에서 볼 수 있다. 또한 *LC* IV, 20, 960- 969 (= *CP*, IV, 21(sic!), 319-31); *1 Ep. ad Corinthos* 1: 10, 8r-8v and 11:19, 153r-154r을 보라.

22 다음을 볼 것. Michael Jinkins, "Unintended Consequences. Schism and Calvin's Ecclesiology," *Theology Today* 66 (2009):217-233; Balserak, Establishing the remnant church, 28-41; Emidio Campi, "Calvin, the Swiss Reformed Churches, and the European Reformation," in *Calvin and His Influence 1509–2009*, eds., Irena Backus and Philip Benedict (NewYork: Oxford University Press, 2011), 119-43. 특별히 125-27.

퍼져 나간 이단과 분리라는 전염병"에 대한 혐오감을 반복해서 표현을 하였다.23 이런 상황 가운데 피터 베르밀리의 위치는 어디에 있는가?

베르밀리와 칼빈 사이에 있는 식별이 가능한 미묘한 차이는 분리와 이단이라는 질문에서 나타난다. 우선 그들의 글들에서 그 주제가 차지하는 분량에서 다소 차이가 난다. 칼빈의 글을 보면, 『기독교 강요』(IV, 2, 5)에서, 그리고 고린도 전서에 대한 주석에서, 분리와 이단에 대한 어거스틴의 구별을 반영하고 있는 단지 두 개의 짧은 문장들이 있을 뿐이다.24 반면에 베르밀리의 『논제총람』(IV, 6, 1-3)의 세 문단들과 또 고린도

---

23 교황 피우스 4세의 트렌트 공의회를 기념하는 칙령(1560, 1월). *The canons and decrees of the sacred and œcumenical Council of Trent, celebrated under the sovereign pontiffs, Paul III, Julius III and Pius IV (Canones et decreta Sacrosancti Oecumenici et Generalis Concilii Tridentini , 1564)*, trans. James Waterworth (Chicago: The Christian Symbolic Publication Society, 1848).

24 칼빈, 『기독교강요』 IV, 2, 5: "... 어거스틴이 이단과 분리자들에 대해 구별한 것은 이러하다. 전자는 거짓된 교의로 신앙의 순수성을 부패시키는 반면에, 후자는 때때로, 동일한 신앙을 가지고 있으면서, 연합의 끈을 끊어버린다.(August. Lib. Quæst. in Evang. Mt.)"; 『고린도 전서 주석: 새 번역』, 9권 (Grand Rapids, Eerdmans, 1960), 238: "교부들이 이 두 용어들(이단과 분리)을 어떤 의미로 사용하였으며, 또한 이단과 분리를 어떤 식으로 구별을 하였는지는 잘 알려져 있다. 그들은 주장하기를 이단은 교리에 관한 불일치에 존재하며, 분리는 분리의 영에 존재한다고 하였다. 예를 들어, 어떤 이가 그가 가진 불평 때문에, 혹은 교역자들에 대한 싫은 감정 때문에, 또는 다른 이들과 잘 지낼 능력이 없기 때문에, 어떤 이가 교회를 떠난 경우가 그것에 해당한다. 나쁜 가르침이란 교회의 분열을 초래할 뿐이며 그 결과 이단은 분리의 뿌리이며 근원이라는 사실에도 불구하고, 또한 질시 또는 교만이 거의 모든 각 이단들의 어머니라는 사실에도 불구하고, 이 둘을 이처럼 구별을 하는 것은 가치있는 일이다."

전서에 대한 그의 주석의 긴 구절들은 이 문제에 대해 정교한 분석을 담고 있다. 뿐만 아니라 베르밀리가 어거스틴의 논문 『크레스코니우스에 대한 반론』(Contra Crescenium)을 단지 인용한 후에 다른 주제로 나가지를 않고, 오히려 그 주제를 더 길게 다루면서 새로운 측면들을 탐구하고 해설을 하였다는 사실은 주목할 만하다.

> 어거스틴은 분리와 이단을 이렇게 구별을 한다: 분리는 몇 가지 불일치 때문에 회중에게서 최근에 결별한 것을 말하며, 이것은 시간이 지나면서 이단이 된다. 그러나 새로운 것인가 오래된 것인가와 관련하여, 이러한 용어들이 크게 차이가 나는 것 같지는 않는다. 오히려 종종 교황제도 안에서 보듯이 일부 사람들이 분리하여 자기들이 전부터 갖고 있는 신앙을 여전히 고수하는 경우가 더 흔히 볼 수 있는 일이다. 그런데 이단의 본질은 하나님의 말씀이나 공통의 신앙에 전혀 맞지 않는 자신들의 주장을 다른 사람들의 견해에 상관없이 옹호하는 데에 있다. 사실, 고린도 전서에서 바울 사도가 고린도 교회 교인들에게 이단과 분리의 잘못을 범하였다고 책망을 할 때, 이러한 용어들을 교호적으로 사용을 하는 것으로 보인다.[25]

처음 볼 때에는 언어적인 현학으로 보이는 것들이 베르밀리가 특정 기간 동안에 다룬 신학적 논제들 가운데 가득 차 있다. 첫째, 그가 이 두 용어들에 대한 분석을 하면서 새로움과 오래됨이라는 개념들이 특징적으로 부각되지 않도록 할 때, 그는 당시 대부분의 개신교인들의 견해를 대변하고 있다. 그가 그렇게 하는 것은 그 자신이 여전히 공교회(Catholic Church) 안에 있다

---

[25] Vermigli, *Whether Evangelicals are schismatics*, 171-172.

고 믿고 있기 때문이며, 개신교가 옛 교회와 별개로 존재하는 새로운 교회가 되지 않고, 하나님의 말씀에 일치가 되기를 바라기 때문이다. 둘째, 베르밀리는 어거스틴의 통찰을 따르면서도, 분리에는 한 편으로는 매우 인간적이면서도 또한 다른 한편으로는 인간적인 측면에서 벗어나는 것이라고 이해했다. 분리는 제도적이거나 또는 집단적인 의미에서의 이탈의 활동이 아니라 마음의 기질과 관계를 갖는다. 그러므로 베르밀리는 분리와 이단의 근원적인 이유는 증오(*odium*)이며, 증오의 정도가 분리의 정도를 결정하며, 특별히 분리와 이단을 낳는다는 주장을 개진한다. 이에 따라서 베르밀리는 분리를 "의견 또는 관점의 차이로 인하여 형제를 미워함으로, 또는 표현방식 때문에, 또는 지도자들의 선택과 관련한 일로 인하여 회중으로부터 떨어져 나가는 것"이라고 정의를 내린다.26 다른 한편, 이단은 훨씬 더 극단적인 형태의 분리로 표현이 된다. 전자는 교제가 소원해지는 것과 관련한 것인 반면에, 후자는 하나님의 말씀에 비추어 받을 수 없는 거짓된 가르침과 관련한 것이다. 분리는 자부심, 교만, 자기의, 그리고 질시의 결과이지만, 이단은 주로 교리상의 문제이며, 진리를 거슬리는 이탈이다. 둘 다 악한 것이지만, 이 악들은 구별이 된다. 베르밀리는 분리를 강력하게 비판을 하면서, 그리스도인들은 분파주의에 굳건히 맞설 것을 강력히 권고한다.

교회란 다양한 여러 지체들로 한 몸을 이루는 것이기 때문에 나누어지면 어떤 식으로든지 파괴가 되는 법이다. 단절된 각

---

26 Ibid., 172.

부분들은 영원한 생명을 잃어버리고 멸망하게 된다. 떨어져 나가 악한 분리를 하는 자들은 스스로를 죽일 것이며, 그리스도께서 은혜로 임하셔서 그것을 회복하고 보존하시지 않으신다면, (악이 그들 안에 있는 만큼) 교회를 또한 죽이게 될 것이다. 그러므로 우리는 이처럼 약하게 만들며 치명적으로 해를 끼치는 악에 대해서 경계를 하여야만 한다.[27]

그런데 분리를 개탄하면서도, 베르밀리는 이러한 이해들의 타당성에 대해서 양면적인 태도를 취하는 것으로 보인다. 그는 재침례파들이 그의 관점에서는 비본질적인 문제들인 것으로 인하여 성도의 교통을 희생시키고자 한다고 그들을 책망한다. 그러면서 그는 또한 로마 교회의 거짓된 가르침과 비신앙적인 관행들로 여겨지는 것들에 대해서 강력한 비판을 전개한다.[28] 베르밀리의 주장은 미묘한 차이를 조심스럽게 개진하고 있다. 즉 예수 그리스도 안에서 하나 뿐인 교회의 토대와 객관적인 실체의 단일성을 주장하면서 또한 믿음에 충실하기 위한 노력으로 나타나는 분리가 있다는 것을 긴장 가운데 주장하고 있는 것이다. 아리스토텔레스의 논리학적 정확성으로, 그는 선할 수도 악할 수도 있는 개별적인 분리들의 기회 원인(occasional cause)과 특정한 성격을 구별을 시도한다:

어떤 분리는 칭찬을 받을 만한가 하면, 어떤 분리는 정죄를 받아

---

[27] Ibid., 173.
[28] 논문의 마무리 부분을 보라. ibid., 224: "이 논문은 우리가 교황제도의 교회를 떠난 이유와는 동일한 이유로 재침례파들이 우리를 떠나는 것이 아님을 보여주기 위하여 쓴 것이다."

야 한다. 악이 거하고 있는 전체에서 일부가 부패와 오염을 막기 위하여 분리를 하는 경우, 그 분리는 비난을 받을 것이 아니라 오히려 칭찬을 받을만한 가치가 있다. [...] 그런데 전체가 선하며, 상하고 썩은 부분들이 잘려져 나간다면, 우리는 그런 종류의 분열이 전체이든 일부이든 보존을 하지 못하기 때문에, 그것을 혐오스럽고 악하며 또 위험스러운 것으로 여긴다.29

이러한 구별의 틀 안에서, 분리의 의미에 관한 또 다른 관점이 서서히 나타났다; 그것은 분리가 분열한 몸을 교회 자체(the Church *per se*) 밖에 놓는다고 생각지 않으며, 때때로 진리와 사랑 사이에는 불행한 갈등이 있기도 한 법이기 때문에, 하나의 공교회 안에 분할(division)이 있을 수 있다고 주장을 한다. 이 논점은 베르밀리가 헬라어 '스키스마' (σχίσμα)와 그것의 라틴어 동의어를 그의 논문에서 흥미롭게 사용한 것을 고려할 때 잘 드러난다. "분리"라는 말이 신학적으로 사용이 될 때, 그것이 본질적으로 의미하는 바가 교회를 분열시켜 서로 적대적 작용을 하도록 하는 죄악된 분리라는 사실을 생각하면서, 베르밀리는 종교개혁을 가리켜 교회로 하여금 초대교회의 신실함을 회복하기 위해 반드시 필요한 것이라고 표현함으로 설득력이 뛰어나며 사려깊은 정의를 내렸다. 따라서 개신교0를 가리켜 로마 교회에서 분열이 되었기 때문에 분리주의자들이라고 비방할 가능성을 미리 예방하면서, 베르밀리는 종교개혁 운동에 대해서 분리라는 단어로 사용하기를 피하고, 지속적으로 철수

---

29 Ibid., 172.

(*discessio, discessus*), 분리(*separation*), 이탈(*secessio*) 등의 용어들을 사용하였다. 이 용어들은 모두 분리를 나타내는 의미를 가지고는 있지만, 교회분리를 나타내는 '분리'(schism)와는 뜻이 같지 않으며 또 이러한 뜻을 필연적으로 야기하지도 않는30 달리 말해서, 기독교 공동체들이 나뉘어 존재하면서, 서로 다른, 심지어 갈등을 일으키기조차 하는 믿음들과 실천들을 주장한다는 사실만으로, 공교회(*ecclesia catholica*)가 교회분리의 상태에 놓여 있음을 반드시 가리키는 것은 아니다.

이러한 언어적인 노력들은 모두, 어떤 의미에서, "개신교의 분열이 정당한 이유를 갖는가?"라는 중심 질문에 초점이 맞추어져 있다. 베르밀리는 로마 교회에서 분리를 하여야 할 열 두 개의 "정당한 이유들"을 (베드로 수위권에서부터 성례론과 중세 후기의 율법주의적 경건에 이르기까지에 걸쳐서) 제시한다; 여기서 이 플로렌스 출신의 학자는 그의 분석 마디마디마다 학식을 홍수처럼 쏟아 붓는다. 이유들의 목록은 다음과 같이 주장하며 끝을 맺는다:

> 이처럼 다양하며 또한 타당한 모든 이유들로 인하여, 교황제도로부터의 우리의 분열은 정죄를 받을 것으로 여겨질 것이 아니라, 칭송을 받아야 마땅한 것으로 여겨진다.31

---

30 Santini, " 'Scisma' e 'eresia' nel pensiero di P.M. Vermigli", 34.

31 Vermigli, *Whether Evangelicals are schismatics,* 178. *LC* IV,6, 791: "Quapropter cùm tam iustae ac tot caussae sint nostri discessus à Papatu, separatio nostra laudabilis admodum, non improbanda videtur."(라틴어 번역은 본문을 보라.)

이렇게 논문을 매듭지으면서, 베르밀리는 개신교들은 공교회에서 떠난 것이 아니, "참된 경건을 박해하는 무리"에서 떠났을 뿐이며, 그래서 후자가 더 이상 순수한 교리에 따라 서 있지 않으므로, 후자가 오히려 분열을 일으킨 것이라고 주장을 한다. 전자는 교만해서는 안 되며, 도리어 좋은 신앙의 열매들을 눈에 보이게끔 풍성하게 보여야만 한다.32 16세기 기독교인들을 괴롭혔던 질문들 – 교회의 표지는 무엇인가? 그리고 기독교인들은 '교회'라고 스스로 자처한 기관이 그러한 표지들을 보이지 못하는 경우에 기독교인들은 어떻게 반응하여야 하는가? - 에 대하여, 베르밀리는 다음과 같이 선언한다:

> 교회에서 우리는 세 가지 종류의 것들을 구별한다: 어떤 것들은 필수적이며, 다른 것들은 선택적이고, 그리고 나머지 다른 것들은 악하다. 필수적인 것들 가운데, 교리와 성례의 실행, 그리고 거룩하며 덕스러운 생활을 덧붙여 포함한다. 이것으로 하나님에 대한 관계와 서로에 대한 관계에 있어서, 사람들이 경건하며 단정하며 의롭게 살도록 한다. 이러한 모든 것은 권징에 관련된 것이다.33

이 점에 대해 논의하는 것만으로도 이미 너무 많이 나간 것이 되므로, 여기서는 베르밀리가 칼빈의 주장을 전반적으로 따르면

---

32 *Ibid.*, 224.

33 *Ibid.*, 175. *LC* IV,5, 790: "In Ecclesia, tria sunt rerum genera: Nam quaedum necessariae sunt, aliae verò liberae, nonnullae vitiosae. Inter necessaria constituuntur, doctrina, & sacramentorum administratio, nécnon sancta & honesta vita: nempè ut homines erga Deum, erga seipsos & proximos piè, modestè ac i-stè se gerant, quod utique totum ad disciplinam spectat."(라틴어 번역은 본문을 보라)

서도, 교회의 특징적인 표지들 가운데 교회의 권징을 더하고 있음을 간단히 언급하는 것이면 충분하겠다. 이 점에 대한 그의 사상에 있어서의 어떤 변화는 보이지 않는다; 그의 신념은 스트라스부르(Strasbourg)에서, 또 그가 잉글랜드에 체재하고 있는 동안 표명이 되었으며,34 그가 죽을 때까지 변하지 않았다. 사실 1561년, 그가 죽기 한 해 전에, 폴란드 종교개혁자들이 교회를

---

34 Vermigli, *1 Ep. Ad Corinthos*, 1 :2, 5r [= *LC* IV,1, 74; *CP* IV,1,1-2]: "교회의 소리는 '부르다'를 나타내는 그리스어 '칼레인'(καλειν)에서 유래한다. 교회를 향한 하나님의 소리에 다가가려 하지 않는 사람은 단 한 부분이라도 그 소리를 받지 못한다. 그리고 교회를 정의내려야 한다면, 나는 그것을 하나님께서 말씀과 성령으로 말미암아 그리스도 안에서 모으시며, 또한 사역자들을 통해 교리의 순수함으로, 성례의 합법적 사용으로, 그리고 권징으로 다스리시는, 믿은 자들 또는 중생자들의 모임이라고 말하겠다. [...] 교리의 순수함이 힘있게 나타나고, 성례들이 순수하게 집행이 되고 있으며, 권징이 실행이 되고 있는 곳이면 어디에라도, 비록 모임들 각각의 덕성이 당신에게 충분한 확신을 주지 못하다 할지라도, 당신은 당신 자신을 안전하게 맡길 수 있는 모임을 가지고 있는 셈이다."("Vox Ecclesiae deducitur à Graeco verbo καλειν, quod est vocare. Nulli enim partes eius haberi possunt, qui Dei vocatione ad eam non accesserint. Et si definienda sit, esse dicemus coetum credentium, ac renatorum, quos Deus in Christo colligit per Verbum & Spiritum sanctum, atque per ministros regit puritate doctrinae, legitimo sacramentorum usu, & disciplina.[…] Quoniam ubicunque puritas doctrinae viget, sacramenta purè administrantur, & disciplina exercetur, coetum habes cui te possis tutò adiungere, quanquam singulorum probitas non satis tibi comperta sit.") 또한 다음을 보라. Vermigli, *Comm. Gen* 8 : 7, 34v: "만일 당신이 참 [교회]가 어디에 있는지를 묻는다면 어떻게 될까? 그리스도의 영, 순수한 하나님의 말씀, 신실하게 집행이 된 성례들이 있는 곳이면 (참 교회가 있다.) 실로 세 가지 표지들을 발견할 수 있는 곳이면 어디든지, 바로 그곳에 교회의 권징과 거룩한 품행이 의심할 여지 없이 자리를 잡고 있을 것이다."("Quòd si quaeras ubi vera [ecclesia] sit? Ubi est Christi spiritus, purum Dei verbum, syncerè administrata Sacramenta. Ubicunque verò has tres notas inveneris, ibidem disciplina Ecclesiastica & sancti mores proculdubio locum etiam habebunt.")

세우는 방법에 대해 그에게 물은 질문에 답을 하면서, 베르밀리는 분명하게 이 세 가지 구별된 표지들을 언급을 하였다: 복음의 순수한 선포, 성례의 합법적 시행, 그리고 그가 "형제애적 충고에 관한 복음적 규칙"(*Evangelii regula de correctione fraterna*)이라고 일컬은 권징의 즉각적인 도입이다.35 로버트 킹돈(Robert Kingdon)은 이것을 개혁파 교회론에 대한 베르밀리의 독창적 공헌으로 평가한다.36 사실, 이 세 표지 교리는 다른 개혁파 신학자들에 의해서 인정을 받았으며, 또한 공적인 지지를 받아, 스코틀랜드 신앙고백서, 벨직 신앙고백서, 그리고 헝가리 신앙고백서를 포함하는 몇 몇 개혁파 신앙고백서들 안에 포함이 되었다.

3. 결론

베르밀리에게는 두 개의 중요한 특징이 동시에 존재한다. 한 편으로, 개혁파 견해와 로마교회 견해를 구별하는 대조적인 차이점들에 대해 완전하면서 가장 체계적인 분석을 담고 있는 개혁파 교회론을 일관되게 철저히 전개한 점이다. 다른 한

---

35 스트라스부르에서 베르밀리가 "복음을 선포하는 폴란드의 선생님들과 교회의 교역자들에게"(Dominis Polonis Evangelium profitentibus, & Ecclesiarum ministris) 보내는 편지(1556년 2월 14일), in *LC* 1109-1114: 1112.

36 Robert M. Kingdon, "Peter Vermigli and the Marks of the True Church," in *Continuity and Discontinuity in Church History: Essays Presented to George Huntston William*, eds. F. Forrester Church & Timothy George (Leiden: Brill, 1979), 198-214.

편으로, 하나의 공교회 안에 일시적인 분열인 것으로 축소하는 방식으로 반대 의견들을 표현하는 한, 공교회와 관계회복의 노력을 강조한 점이다. 실제로 베르밀리는 분리와 그것을 일으키는 것에 대해서 긴급하게 경고를 하였다. 왜냐하면 분리로 인해서, 교회는 그에게 주어진 명령을 수행할 능력을 상실하기 때문이다. 그가 이해하기로는, 그것을 치료할 방편은 유일하게 하나가 있을 뿐이다. 그것은 하나님의 존엄한 말씀을 교회 앞에서 인정을 하고 굳건히 하는 것이다. 일단 이러한 인정을 공유할 수가 있다면, 즉 하나님께서 교회의 주인이시지, 교회가 하나님의 주인이 아니라는 사실을 인정한다면, 교회의 단일성과 공교회성은 보장이 된다. 이런 의미에서, 베르밀리는 칼빈과 결론이 같다고 말할 수 있다. 하지만 그는 여러 가지를 아우르는 표현들을 통하여 결론을 내림으로써, 그의 사상의 독립성과 독창성을 보여준다. (*)

제3부
하인리히 불링거
(Heinrich Bullinger 1504-1575)

제5장 취리히 종교개혁: 불링거의 시대(1531-1575)

1. 위기와 대응
2. 불링거의 학창시절과 취리히 교회의 수석목사로 선택
3. 취리히 교회의 새로운 시작과 조직
4. 예언회와 사회문제
5. 교파적인 관계들과 교파화에 대한 설명
6. 취리히 종교개혁의 영향

[Heinrich Bullinger]

제5장 *
취리히 종교개혁: 불링거의 시대(1531-1575)

1. 위기와 대응

쯔빙글리의 죽음은 새롭게 세워진 개혁주의 교회에게 외적으로 매우 심각한 위기를 드러냈다. 쯔빙글리가 매우 신뢰했던 동역자이자 이후에 교수요 바젤 교회의 목사였던 요한 외콜람파디의 후계자인, 오스발트 미코니우스는 다음의 언급으로 그 어둠이 짙게 깔린 취리히 날들에 대한 상황을 묘사했다:

> "단지 우리에게 비참과 슬픔 뿐이다. 날마다 우리의 위기는 증가하고 있다. 쯔빙글리를 잃은 것보다도, 그렇게 많은 목회자들이 죽은 것보다도 더욱 무겁게, 복음의 자유로운 말씀이 사멸될 수도 있다는 근심이 우리를 짓누르고 있다."[1]

---

* 제5장 1-3, 6은 박상봉(합동신학대학원 교회사 교수) 박사, 4-5는 이남규(합동신학대학원 조직신학 교수) 박사가 번역하였다.

[1] Carl Pestalozzi, *Heinrich Bullinger. Leben und ausgewählte Schriften* (Elberfeld: R.L. Friderichs, 1858), 71.

그리고 카펠에서 로마 카톨릭 교회의 신자들의 승리는 '취리히 공화국'과 관련하여 매우 높은 잠재적 위기를 내포하는 것이었다. 사실, 전쟁의 패배는 그 도시국가의 정치적인 결합을 매우 위태롭게 했는데, 그래서 이미 전쟁 전과 전쟁 동안에 즉각적으로 표출되었던 내부정치적인 긴장감이 고조되었다.[2] 스위스 연방 안에서 취리히 정치에 대해 반대했던 비판적인 목소리는 그 도시 안에서도 힘을 얻었다. 종교개혁을 온전히 지지했음에도 불구하고, 국민의 대다수는 모험적인 종교정치에 싫증을 냈는데, 이것은 2년 전에 국가 공동체의 위기를 불러온 것과 관련이 있었다. 결국, 카펠 전쟁의 패배에 관한 책임자들의 추궁이 실행에 옮겨졌다.

이와 관련하여 전쟁을 수행했던 설교자들과 그 밖에 쯔빙글리의 추종자들은 본보기로 삼을 수 있는 희생양으로서 매우 적합했다. 그래서 쯔빙글리 반대파는 1531년 11월 28일[3]에 체결된 소위 마일렌 협정에 근거하여 쯔빙글리의 급진적인 추종자들에

---

[2] Hans Ulrich Bächtold, "Heinrich Bullinger und die Krise der Zürcher Reformation im Jahre 1532," in: *Heinrich Bullinger 1504-1575. Gesammelte Aufsätze zum 400. Todestag*, Bd. 1: *Leben und Werk*, ed. Ulrich Gäbler and Erland Herkenrath, (Zürich: Theologischer Verlag,1975), 269-289; Helmut Meyer, "Krisenmanagement in Zürich nach dem Zweiten Kappeler Krieg," *Zwingliana* 14 (1977), 349-369; Fritz Büsser, *Heinrich Bullinger (1504-1575): Leben, Werk und Wirkung*, 2 Bde (Zürich: Theologischer Verlag, 2004-2005), 2: 10-19.

[3] *Actensammlung zur Geschichte der Zürcher Reformation in den Jahren 1519-1533*, ed. Emil Egli (Zurich, 1879; repr. Nieuwkoop: B. de Graaf/Scientia, 1973), No. 1797, 768-770.

대한 취리히 대·소 의회의 정치적인 결정들과 징계에 대한 중대한 공동결정권 옆에서 목회자들이 더 이상 국가직무에 참여할 수 없도록 하는 엄격한 관리감독도 요구했다. 이러한 요구들은 믿음의 헌신과 국가 정책 사이의 긴장관계 안에서 취리히 대의회에서 심도 있게 논의되었으며 그리고 1532년 2월 10일에 문서 기록으로 확증되었다.

취리히 종교개혁자의 죽음 이후에 거의 두 달이 흐른 1531년 12월 9일에 취리히 대·소 의회의 중요한 회의 안에서, 이미 언급되었던 것처럼, 새롭게 세워진 개혁주의 교회의 무거운 책무(責務)가 브렘가르텐 출신의 이제 스물일곱 살 나이 밖에 되지 않는 신앙 망명자에게 위임되었다. 그의 이름은 하인리히 불링거였다.[4]

2. 불링거의 학창시절과 취리히 교회의 수석목사로 선택

하인리히 불링거는 1504년 7월 18일에 취리히로부터 그렇게 멀지 않는 곳에 위치한 작은 도시 브렘가르텐에서 로마 카톨릭 교회의 사제인 아버지 하인리히와 어머니 안나 비더케어의 다섯 아들들 중에 막내로 태어났다. 불링거는 자신의 고향에서 기초

---

[4] Fritz Büsser, *Heinrich Bullinger (1504-1575): Leben, Werk und Wirkung*, 2 Bde (Zürich: Theologischer Verlag, 2004-2005); siehe auch folgende Werke: *Architect of Reformation : An Introduction to Heinrich Bullinger, 1504-1575*, ed. Bruce Gordon und Emidio Campi (Grand Rapids, Mich. : Baker Academic, 2004) und *Heinrich Bullinger und seine Zeit : eine Vorlesungsreihe*, ed. Emidio Campi (Zürich: Theologischer Verlag, 2004).

교육을 받았고, 이후에 네덜란드 국경 가까이에 위치한 니더하임 엠머리히의 라틴어 학교에서 상급과정을 졸업했다. 그리고 그는 1519년 여름에 쾰른 대학교에 입학했으며, 1522년 초에 아직 18세가 되지 않았을 때 자유예술 학부의 석사학위를 취득했다. 불링거의 지적인 관심을 확연하게 각인시켰던 교육경험은 1520년 쾰른 대학교의 신학자들을 통한 마틴 루터에 대한 평가와 관련된 학술논쟁이었다. 그 결과로 루터의 저술들은 쾰른에서 공개적으로 불태워졌다. 3일이 지난 이후에 불링거는 학사학위 시험을 통과했다.

이러한 경험을 통해서 불링거는 교황주의 가르침의 원리에 대한 근본적인 질문이 필요하다는 것을 깨달았다. 불링거는 일기장에서 자신의 내면적인 생각을 상세하게 기술했다:

> 로마 카톨릭 교회의 감사 기도문과 페터 롬바르두스의 명제집을 넘어서 불링거는 처음으로 교부들에게 깊은 관심을 갖게 되었으며 그리고 벅찬 감격 속에서 교부들의 불타는 열정을 경험했다고 밝히고 있다. 이것과 함께 불링거는 루터의 종교개혁 저술들과 멜랑흐톤의 『신학총론』(*Loci communes*)에 집중했으며, 그리고 무엇보다도 성경을 연구하는 것에도 매우 몰두하였다. 쾰른에서 거주하는 마지막 시기에 불링거는 종교개혁 사상에 근거한 복음적인 기독교(개신교)인이 되어 있었다.5

고향으로 돌아온 불링거는 1523년 2월에 수도사의 의무를 지지

---

5 Bullinger, *Diarium (Annales Vitae der Jahre 1504-1574)*, ed. Emil Egli (Basel: Basler Buch - und Antiquariatshandlung, 1904, repr. Zürich: Theologische Buchhandlung, 1985), 4-6 und 126.

않아도 된다는 조건 아래서 취리히 근교의 알비스 카펠에 새롭게 세워진 시토회 수도원 학교의 교사가 되었다.6 이 교사 직무는 불링거에게 가르침과 학습을 병행하며 신학적인 깊이를 갖추게 하는 특별한 기회를 제공했다: 불링거는 수도사들과 근교로부터 온 청강생들에게 일반적인 과목들로 문법, 수사학 그리고 논리학을 가르쳤다. 교부들의 연구를 진전시켰을 뿐만 아니라, 또한 성경주해에도 큰 열심을 내었다. 에라스무스의 개별적인 저술들과 멜랑흐톤의 『신학총론』(*Loci communes*)에 관한 공개강의를 했으며, 쯔빙글리의 종교개혁 사상과 일치되는 다양한 라틴어와 독일어 저술들을 집필했다.

카펠 수도원은 젊은 교사의 영향 아래서 그리고 수도원 원장인 볼프강 요너 및 미래에 신학자이자 역사가로 활동했던 요시아 심러의 아버지인 피리오르 페터 심러의 힘 있는 원조 속에서 1525년에 종교개혁을 받아들였다. 불링거는 카펠에서 활동한지 얼마 되지 않아서 쯔빙글리와 교제를 가졌는데, 두 사람은 빠르게 깊은 관계로 발전하였다: 대략 20년 정도 어린 젊은 교사는 나이든 종교개혁자에게 독서를 통해서 얻은 지식을 서면으로 전달하거나 혹은 1525년에는 취리히에서 열린 재세례파 논쟁의 참여를 위해서 차출되기도 했다.

1527년 6월 중순부터 11월 중순까지 불링거는 취리히에서 신학공부를 위한 휴가를 보냈다. 이 휴가는 취리히 예언회 안에서 쯔빙글리, 콘라트 펠리칸 그리고 루돌프 콜린과 함께 지속적

---

6 Bullinger, *Diarium*, 7-16.

인 토론을 통하여 자극된 올바른 성경이해를 위해 고군분투하는 시간이었다. 한 회고 속에서 불링거는 취리히에서 보냈던 모든 휴가기간을 자신의 삶에 있어서 매우 행복했던 때로 상기했었는데, 추론적으로 불링거가 이 시기에 자신의 아내가 될 여인인, 전직 도미니카 수도원의 수녀였던, 안나 아들리슈빌러를 만나게 된 것 때문만은 결코 아니었다. 취리히에 머물고 있는 불링거에게 보인 호의적인 신뢰의 표시로서 취리히 정부는 불링거를 쯔빙글리 그리고 다른 취리히 목회자들과 함께 1528년 1월에 개최된 베른 논쟁에 참여시켰는데, 그곳에서 불링거는 이후에 자신의 동료들과 서신교환자들이 된 많은 인물들을 사적으로 알게 되었다. 불링거는 카펠의 교사로서 계속 봉사했으며 그리고 1528년 이래로 그의 교사생활 도중에 이웃 지역인 하우젠에서 목회직무에 대한 책임을 추가적으로 떠맡았다. 이와 관련하여 불링거는 새롭게 조직된 취리히 총회 안에서 공식적으로 받아들여졌다.

1529년 초에 불링거는 카펠 수도원 학교의 교사직을 내려놓았다. 그리고 그는 목사로서 브렘가르텐에서 2년 반 동안 사역했다. 불링거는 1529년 8월에 안나 아들리슈빌러와 결혼했다: 그녀는 매우 의지적이고 용기 있는 여인이었다. 금슬이 좋은 부부는 다섯 딸들과 여섯 아들들을 가졌다. 그러나 불링거가 죽은 해인 1575년에 이미 그의 네 아들들은 앞서 영원한 안식에 들어간 상태였다. 그는 노년기의 11년 동안을 홀로 지내야 했다.7 브렘가르텐에서 짧은 체류 동안에 불링거는 특별한 교파적인 긴장감 없이 새로운 종교개혁 신앙의 확산과 관련하여 취리히와 베른의 깊은 관계를 위해 전략적으로 매우 중요했던 이 도시를 얻을 수 있었다. 하지만 불링거는 제2차 카펠 전쟁 이후에 곧바로 브렘가르텐이 재(再)카톨릭화 된 과정 속에서 쫓겨나게 되었다.

리마트 도시(취리히)로 도망은 불링거의 삶에 있어서 중요한 전환점이 되었다. 취리히 그로스뮌스터 교회의 지도자 선출은 취리히 종교개혁을 위한 미래적인 특징을 결정 짓는 것이었기 때문에, 불링거가 그 교회의 수석목사와 의장으로서 선출되기에 충분했다. 불링거의 고유한 증언에 의하면, 그는 1531년 12월 9일에 다른 여섯 명의 목사들과 취리히 위원회 앞으로 부름을 받았다. 취리히 시장인 하인리히 발더는 그들에게 취리히 위원들이 하인리히 불링거를 쯔빙글리의 후계자로 뽑았다는 것을 알렸으며, 그리고 그 시장은 이어서 깜작 놀라있는 목사들에게 취리히와 다섯 살림 주 사이에 합의된 마일렌 협정서의 네 가지 조항들을 읽어주었다. 이렇게 한 이유는 취리히 목사들로 하여금 그 조항들을 충실히 지키도록 다짐받기 위해서였다.[8] 이 조항들은 근본적으로 설교직무의 자유에 대한 국가적인 경계선을 규정한 것이었다.[9] 이러한 결정 속에서 취리히 정부는

---

[7] Rebecca A. Giselbrecht, "Myths and Reality about Heinrich Bullinger's Wife Anna," *Zwingliana* 38 (2011), 53-66.

[8] Heinrich Bullingers Reformationsgeschichte. Nach dem Autographon, eds.Hottinger, J[ohann] J[akob] and H[ans] H[einrich] Vögeli, 3 Bde (Frauenfeld, 1838-1840; repr. Zurich: Theologische Buchhandlung, 1985), 3: 291.

[9] Actensammlung, No. 1797, 769: "Zum vierten, g(nädigen) l(ieben) H(erren), ist unser früntlich pitt und beger, dass ir nunfürhin in üwer stadt

1531년 12월 9일에 선출된 불링거로부터 취리히 종교개혁의 지속적인 수행을 기대했으며 그리고 쯔빙글리가 사역할 당시처럼 취리히 목회자회가 정치적인 용무에 참여한 것을 더 이상 허락하기를 원치 않았다.10 불링거는 취리히 정부의 요구의 파급효과에 대해서 조망하면서, 그래서 그는 4일 간의 심사숙고 후에 자신의 생각을 제시했는데, 즉 설교자들은 지금부터 국가 용무에 더 이상 참여하지 않겠다는 의지를 밝혔다. 그러나 동시에 불링거는 세속적인 통치에 대해 감시하고 그리고 사람에 대한 직접적인 비난 없이 성경이 가르치는 대로 설교하는 것이 설교자들의 중요한 책무라는 사실도 강조했다. 왜냐하면 하나님의 말씀은 어떤 것에도 매이지 않고, 오히려 성경 안에서 발견된 것을 말해야 할 뿐만 아니라, 또한 성경 안에서 만나는 것을 자유롭게 선포해야 하기 때문이다.11 이러한 입장은 쯔빙글리가 루터에 반대하여 자신의 법적인 주제와 함께 "그리스도의 통치 역시 외적인 것이다" 라고 표명한 것과 직접적으로 정치적인 결정과정에 관여해야 한다고 밝힌 것과 크게 다르지는 않았다.12 그렇지만 새롭게 뽑힌 지도자는 자신의 선임자의 방향과

---

prädicanten annemind, die fridsam sygind und uf frid und ruow stellind....keiner weltlichen sachen underwindint noch beladint, in stadt und uf dem land, im Rat und darnebent ... ."

10 각주 6번을 보라.

11 Bullinger, *Reformationsgeschichte* 3, 293-296, 여기서 295.

12 Hans Rudolf Lavater, "Regnum Christi etiam externum. Huldrych Zwinglis Brief vom 4. Mai 1528 an Ambrosius Blarer in Konstanz," Zwingliana 15, 1981, 338-38; Hamm, Zwinglis Reformation der Freiheit, 116-117; Emidio Campi, "Bullingers Rechts

- und Staatsdenken," Evangelische Theologie 64 (2004), 116-126.

분명하게 거리를 두었으며 그리고 자신만의 고유한 목소리를 냈다. 공동체적인 삶을 위한 목사의 책임은 정부의 권한들에 대한 참견을 통해서 수행되는 것이 좋지 않으며, 오히려 그 책임은 항상 고지된 규범에 따른 공적인 자세 안에서 유지되어야 한다는 것이다.[13] 취리히 의회의 의원들은 자신들의 입장을 설명했다. 그것과 함께 두 가지 위험이 제거되었다: 한편으로는 중세 시대의 신정정치 표상에 근거한 교회를 통한 국가의 지배이고, 다른 한편으로는, 절대왕정 시대의 국가교회 안에서 충분히 확인되었던, 국가를 통한 교회의 감독이다.

17세기까지 취리히 교회에서 목사들은 취리히 의회에 구약적인 선지자들의 방식에 따라서 어떤 의견을 제시했던 고유한 관습을 유지했다. 이 관습은 불만들을 표명하거나 혹은 목사들이 정치적인 결정들에 대해 받아들일 수 없는 것들에 있을 때 유효했다. 그 '대변(Fürträge)'은 불링거가 취리히 목사회의 위임 안에서 취리히 의회 앞에서 44년 동안 감당했던 것이다.

---

[13] Bullinger bekräftigte seinen Standpunkt anlässlich der Karlstagrede vom 28 January 1532 (Karlstag war seit dem 13. Jahrhundert das zweite grosse Fest der Stadt Zürich in Erinnerung an die Gründung des Grossmünsterstifts durch Kaiser Karl den Grosse), die er unter dem Titel De prophetae officio, HBBl I, 33 veröffentlichte . Siehe Daniel Bolliger, "Bullinger on Church authority: The Transformation of the Prophetic Role in Christian Ministry," in Architect of Reformation, 159-177; Peter Opitz, "Von prophetischer Existenz zur Prophetie als Pädagogik. Zu Bullingers Lehre vom munus propheticum," in Heinrich Bullinger. Life - Thought - Influence. Zürich, Aug. 25-29, 2004, International Congress Heinrich Bullinger (1504-1575), eds. Emidio Campi, Peter Opitz, 2 Bde (Zürich : Theologischer Verlag, 2007), 2: 493-513.

그것은 설교직무와 국가직무 사이에 상호 견제적인 협력이 쉽지 않았다는 것을 나타낸다. 전체적으로 이 관습과 함께 취리히 목회자회는 자신의 주장을 거의 항상 끝까지 밀고 나갔으며 그리고 공통의 목소리를 위한 효과적인 방식을 만들어냈다.[14] 불링거는 취리히 교회의 수석목자로 선출되었을 때부터 죽는 날까지 44년 동안 지역적이며 그리고 국제적인 범위의 교회, 사회, 정치 그리고 우정과 관련된 교류의 다양한 방면의 이해관계 속에서 활동했다.

이 뿐만 아니라, 불링거는 취리히 교회의 총회의장, 설교자 그리고 목회자로서, 신학자와 교사로서 그리고 스위스와 유럽 개신교의 설립자로서 활동했다. 불링거는, 19세기 이래로 역사서술에서 매우 지속적인 효력을 미쳤던, 영웅적인 신앙투쟁의 그림과는 어울리지 않은 종교개혁자들 중에 한 사람이었다.

불링거의 종교개혁적인 활동은 지난 십년 동안에 강렬한 주목을 받았지만, 그러나 여전히 조금 밖에 알려져 있지 않다. 왜냐하면 취리히 종교개혁의 특별한 단계에 대해 질문할 때 연구관심이 전통적으로 가장 먼저 직접적으로 1523년 전후에 거의 집중되어 있기 때문이다. 그래서 이러한 초기 종교개혁 기간의 근본적인 의미를 어떤 방식으로든 축소하는 것 없이, 새로운 연구결과들에 대한 진전된 이해 아래서, 1531년부터

---

[14] Der grösste Teil ist abgedruckt in einer kritischen Edition : Heinrich Bullinger. Schriften zum Tage, ed. Hans Ulrich Bächtold et. al. (Zug: Achius, 2006). Siehe Hans Ulrich Bächtold, Heinrich Bullinger vor dem Rat : zur Gestaltung und Verwaltung des Zürcher Staatswesens in den Jahren 1531 bis 1575 (Bern : Lang, 1982).

1575년까지 많은 여전히 연구되지 않고 현존하는 원자료들이 유용한 학술기관들에서 연구되어 밝혀져야 하며, 그리고 동일하게 종교개혁의 업적이 견고하고 구체적인 형태를 갖출 수 있도록 지속적으로 중요한 요소들이 표명되어야 한다. 이 논고의 짧은 지면 때문에 지금은 몇몇 실례들만 끄집어낼 수밖에 없는데, 즉 불링거 시대 속에서 취리히 교회의 내적인 발전들과 그 교회의 스위스와 유럽에 대한 영향력을 조명해 볼 것이다.

3. 취리히 교회의 새로운 시작과 조직

이미 언급했던 것처럼, 1528년 이래로 취리히 안에서 교회의 총회 제도는 개혁주의 교회의 기본적인 요소들 안에 속한 것이었다. 그러나 취리히 총회는 처음 레오 유트의 도움 아래서 불링거에 의해서 1532년 10월 22일에 취리히 설교자와 총교 규범이 작성됨을 통해서 견고한 형식을 갖게 되었는데, 즉 그 규범은 총회와 목회직의 본질과 교회와 정부 사이의 관계를 선명하게 제도화시킨 것이며 그리고 절대왕정이 끝날 무렵까지 유효했다.[15] 매년 두 번 열린 회집은 오늘날 (스위스 교회에서) 일반적으로 볼 수 있는 '교회의회'는 아니었다. 오히려, 모든 취리히의 지도층에 속한 대략 150명의 안수를 받은 목회자들과 신학교수들의 회집이었는데, 여기에 취리히 시장을 포함하여

---

[15] *Actensammlung*, No. 1899, 825-837; *Zürcher Kirchenordnungen 1520-1675*, ed. Emidio Campi und Philipp Wälchli, 2 Bde (Zurich: TVZ, 2011), 1, No. 59, 129-150.

8명의 취리히 위원들(대위원회 4명과 소위원회 3명)과 정부서기가 속해 있었다. 교회 의장의 지위 안에서 불링거가 43년 동안 의장직을 점유했던 총회의 구성은 분명하게 첫 번째 개혁주의 교회규범의 전략적인 정체성을 확신시켜 준다: 그 총회는 목회자들과 위정자들이 교회의 운영을 위한 협력적인 책임을 인식할 수 있는 지역에 있어야 한다고 밝히고 있다. 이러한 규범적인 초안에 의문을 표명했던 레오 유트와 다르게[16], 불링거는 교회의 정치적인 감독의 위험성을 인정하지 않는다는 것을 나타냈는데, 물론 그는 불굴의 끈기와 함께 영적인 권한들과 세속적인 권한들의 혼합을 예방하기 위해 노력했다. 이 사실은 당시의 소위 총회기록과 총회대화록이 인상깊게 증언해 주고 있다.[17] 그 협의들의 중심에는, 누구나 생각할 수 있는 것처럼, 신학적인 토의들은 존재하지 않았고 또한 교회행정기구 혹은 교회재정에 대한 질문도 취급되지 않았다. 취리히 총회 의사일

---

[16] Klaus Deppermann, "Schwenckfeld und Leo Jud - ein denkwürdiger Briefwechsel über Nutzen und Nachteil der Staatskirche," in idem, *Protestantische Profile von Luther bis Francke* (Göttingen: Vandenhoeck & Ruprecht, 1992), 65-90.

[17] Synodalprotokolle, Zürich StA E II 1; *Sermones synodales,* Zürich ZB Ms D 220). Die wichtigsten Beiträge zu dieser äusserst wichtigen Quellengattung sind: Pamela Biel, *Doorkeepers at The House of Righteousness. Heinrich Bullinger and the Zürich Clergy 1535-1575* (Bern: Lange 1991); Bruce Gordon, *Clerical Discipline and Rural Reformation. The Synod in Zürich 1532-1580* (Bern: Lange, 1992); Büsser, *Bullinger, Leben Werk und Wirkung*, 1: 127-142; Jon D. Wood, *Heinrich Bullinger's "Sermones synodales": New Light on the Transformation of Reformation Zürich,* Diss. Princeton Theological Seminary, 2008 (Ann Arbor, Mich.: UMI, 2008).

정에는 다음과 같은 내용들을 포함되어 있다:

1. 기원: 예배 시의 하나님 은혜에 대한 기원, 2. 출석: 목사들의 참석을 감독하는 출석확인, 3. 의식: 새롭게 선출된 설교자들의 총회선서, 4. 방청객 허락: 다른 교회들과 다양한 계층의 방청객들에 대한 총회참석을 허락하는 결정, 5. 취리히 의회와 목회자회의 표명: 취리히 위원들의 대·소 의회로부터 결의된 목회자회를 향한 조언들과 권고들의 표명과 취리히 목회자들의 목회자회로부터 결의된 정부를 향한 조언들과 권고들의 표명, 6. 총회의 가장 중요한 사항인 관리감독: 취리히 교회의 수석목사(의장)와 개별 목회자의 생활품행과 직무의 책임감에 대한 평가.

불링거 시대의 총회기록은 (교회가) 원하는 제도와 치리를 남겨두었다는 것을 확인시켜 주고 있다. (목사에 대한) 총회의 치리규정은 공적인 형제적 권고로부터 공적인 문책을 넘어서 다른 교회로 전출되는 것까지 미쳤다. 회복될 기미가 없을 때 가장 높은 가능한 처벌은 목사직무의 면직이었다. 이미 알려진 것처럼, 취리히 종교개혁은 고유한 교회치리에 대한 규범을 제정한 제네바 종교개혁과 다르게 매우 소극적이었다: 취리히 교회의 치리는 시민적이고 교회적인 정부를 통하여, 실제로 취리히 의회와 시험감독관을 통하여 협력적으로 수행되었다.[18] 그 치리회

---

[18] Beispiele für Verhalten der Max Stiefel, *Die kirchlichen Verhältnisse im Knonauer Amt nach der Reformation 1531- 1600. Ein Beitrag zur landschaftlichen Reformationsgeschichte* (Affoltern am Albis: Weiss, 1947), 69-96.

의 근본적인 역할은 목회직을 수행할 목회자 후보생을 위한 시험과 안수였다. 이러한 이유로 그 치리회는 어떤 특별한 권한을 가지고 있었는데, 그 치리회는 취리히 교회의 가장 높은 심급기관이었으며 그리고 모든 교회공동체에 대한 감독권을 가지고 있었다. 그 치리회는 취리히 대·소 의회의 두 명의 위원들과 세 명의 지역 목사들, 두 명의 신학교수들 그리고 그로스뮌스터 교회의 두 명의 협동 목사들로 구성되었다. 그 치리회의 가장 오랫동안 의장으로 활동했던 불링거는 목회자 양성을 위한 이론과 실천 안에서 자신의 직무를 감당했으며 그리고 특별히 교회 인사권에 영향을 주었다.

취리히의 일반적인 미풍양속의 감독과 유지는 여전히 풍속법원의 소관이었다. 취리히 풍속법원이 전체 국가도시를 관할하는 동안에 (그러나 심각한 사안들은 취리히 의회로 넘겨지지만), 취리히 농촌 지역의 미풍양속에 관한 감독은 농한기 때 개별 교회들의 감독관들에 의해서 이루어졌다. 사람들은 다양한 이유들로부터 풍속법원으로 소환되었는데, 즉 주일예배에 참석하지 않는 것 때문에, 알코올중독, 춤, 외설이나 간통 혹은 이단성 때문에 그리고 동일하게 마녀 활동 때문에 소환되었다. 풍속법원의 규범들은 징계들로써 권고(질책), 수찬정지, 벌금, 감금, 출교 그리고 사형으로 규정되었다.

1535년 첫 번째 전체 의식적인 예배규범의 제정을 통한 예배모범의 개혁은 취리히 교회의 안정감을 위해 상당히 중요한 것이었으며 그리고 개혁주의 교회의 한 전통적인 예배모범을 세웠다.[19] 그 예배개혁은 새로운 예배순서를 위해 쯔빙글리의 예전적인 작업의 다양한 요소들의 질서를 담고 있으며, 그 이후로 예배순서는 100여 년 동안 큰 변화 없이 유지되었다. 1559년에 루드비히 라바터(1527-1586)가 취리히 교회의 관습과 제도에 관한 짧은 저술을 출판했을 때, 그는, 약간의 신앙고백적인 불만족이 없지는 않았지만, 다음과 같이 강조하였다:

> 취리히 교회는 일반적으로 사도 시대로부터 교회 안에 존재해 왔던 것들이 항상 있어 왔다. 즉, 그 교회는 교리, 기도, 성례 그리고 교회의 좋은 질서를 세우는 모든 다른 요소들을 가지고 있었다.[20]

예전적인 형식들과 공간들의 외형과 관련하여 쯔빙글리적인 종교개혁은 루터적인 종교개혁과 비교할 때 매우 극단적인 것으로 취급되었다는 것은 알려진 사실이다. 이와 반대로 잘 알려지지 않는 것은 다양한 예전적인 자유형식들이다. 이러한 근거들은 1535년에 공포된 '규범과 제도'에 의해서 확인된다: 첫번째로, 실제적으로 설교와 기도로 구성된 설교예배이다. 예배 때,

---

[19] Christenlich ordnung und bruch der kilchen Zürich, in Z IV, 695-706. See Markus Jenny, "Bullinger als Liturg," in Heinrich Bullinger 1504-1575. Gesammelte Aufsätze zum 400. Todestag, Bd. 2: Beziehungen und Wirkungen, ed. Ulrich Gäbler and Erland Herkenrath (Zürich : Theologischer Verlag, 1975), 209-230; Roland Diethelm, "Bullinger and Worship: «Thereby Does One Plant and Sow the True Faith»," in Architect of Reformation, 135-157; Büsser, Bullinger, Leben, Werk und Wirkung, 1: 142-161.

[20] Ludwig Lavater, De ritibus et institutis ecclesiae Tigurinae opusculum ([Zürich: Froschauer, 1559]), f. 3b-4a.

늘 잊고 있었던 전통적인 교회절기를 기념하는 것들과 반대로 성경 해설은 지속적으로 유지되었다. 쯔빙글리는 음악이 선포되거나 설교되는 하나님의 말씀을 왜곡시킬 수도 있다는 것을 두려워했기 때문에, 이미 알려진 것처럼 취리히에서 교회찬송은 허락되지 않았다. 불링거와 그의 후계자들은 쯔빙글리의 관심사를 효율적으로 변화시켰는데, 즉 취리히 교회 안에서 음악이 1598년까지만 금지되도록 하였다: (오르간은 거의 19세기까지 금지되었다).[21] 두 번째로, (이 아침예배는 월요일에서 목요일까지만 개최되고, 금요일은 장이 열린 것 때문에 생략되었던) 아침예배를 의미하는 선포사역(선지자 사역)은 신학교의 목회자들을 위한 행사가 아니라, 오히려 전체 국민들의 성경공부 시간으로 간주되었다. 세 번째로, 일 년에 세 번(성탄절, 부활절, 성령강림절 때) 개최되었던 성찬예배를 떠올 릴 수 있다. 성찬식은 예배 시의 예전적인 실행만 포함하지 않았다. 왜냐하면 고유한 성찬식을 행하기 직전 주일에는 성찬식의 의미와 사용을 설명해주는 설교예배를 드렸기 때문이다.[22] 네 번째로, 특별히 어린이들과 청소년들 똑같이 새 신자들 그리고 봉사자들을 위해 준비되었고 그리고 무엇보다도 먼저 토요일과 주일에 개최되었던 신앙교육 예배도 있었다.[23] 다섯 번째로, 화요일 정기 기도회가

---

[21] Markus Jenny, "Reformierte Kirchenmusik? Zwingli, Bullinger und die Folgen," in *Das reformierte Erbe. FS Gottfried W. Locher*, 2 Bde, ed. Heiko A. Oberman et al. (Zürich: Theologischer Verlag,1992), 1:187-205.

[22] Markus Jenny, *Die Einheit des Abendmahlsgottesdienstes bei den elsässischen und schweizerischen Reformatoren* (Zürich : Zwingli-Verlag, 1968), 64-70.

[23] *Zürcher Kirchenordnungen*, Nr. 59, 137-138.

있었는데, 이 기도회는 16세기 동안 언제나 열렸으며 그리고 특별한 참회예배와 관련하여 장려되었다.24 교회 장례식은 취리히에서 허용되지 않았는데, 오직 죽은 자들에 대한 공고만 이루어졌다. 교회 결혼식은 유지되었지만, 그러나 더 이상 성례로써 개최되지는 않았다: 오히려, 예배로 거행된 결혼식은 하나님의 축복 아래서 교회 공동체의 기도와 함께 진행되었다. 한 주간의 행사는 다음과 같이 규정되었다: 주일에는 네 곳의 도시 교회들 안에서 두 번의 오전 예배(겨울에는 오전 8시, 여름에는 오전 7일, 그 다음에 11시)와 신앙교육 설교로 구성된 한 번의 오후 예배가 개최되었다. 주 중에도 항상 예배들이 시행되었는데, 시장이 열렸던 금요일을 제외한 모든 요일 오전 5시와 8시에 아침예배가 드려졌다. 농촌에서는 각 지역에 따라서 일반적으로 세 번이나 혹은 네 번 정도의 예배가 주중에 드려졌으며, 일요일에는 가장 먼저 아침예배가 드려졌고, 그 다음에 오후에 신앙교육 예배가 드려졌다: 주 중에 화요일에는 아침예배가 드려졌고 그리고 토요일에는 대부분 성경봉독과 기도만 하며 한 주를 마무리했다.25

불링거는 스스로 1532년부터 1538년까지 매일 그리고 그 이후에는 죽을 때까지 오직 주일과 그로스뮌스터 교회의 설교단

---

24 Hans Ulrich Bächtold, "Gegen den Hunger beten. Heinrich Bullinger, Zürich und die Einführung des Gemeinen Gebetes im Jahre 1571," in *Vom Beten, vom Verketzern, vom Predigen. Beiträge zum Zeitalter Heinrich Bullingers und Rudolf Gwalthers. FS Alfred Schindler*, ed. Bächtold et al. (Zug: Achius, [1999]), 9-44.

25 Lavater, *De ritibus*, 5a-9a.

에 섰다. 불링거의 설교들 대부분은 출판되지 않았고, 현재 약 6,000편 원고의 거대한 유산이 취리히 중앙도서관에 보관되어 있는데, 대략 전체 설교들 중에 십분의 일 정도가 출판되었다.26 대표적으로 가장 유명한 설교집은 1549년과 1552년 사이에 '50편 설교집(*Sermonum Decades quinque*)'라는 제목 아래서 라틴어로 출판되었으며 그리고 독일어, 영어, 화란 그리고 프랑스어로 번역되었다.27 50편의 설교로 구성된 '*Dekaden*'이라는 이름을 가진, 이 교리 설교집은 기독교 신앙의 종합일 뿐만 아니라, 또한 개인적인 예배(기도)도구로써 설교 장르의 고전이 되었고 그리고 유럽을 넘어서 널리 전파되었다.28

1532년 설교자와 총회 규정은 어린이의 공적인 신앙교육을 위한 길도 열렸다. 취리히 개혁주의 교회 안에서 신앙교육적인 실행의 발생시점은 당연히 1523년 쯔빙글리의 유일한 신앙교육서인, 개혁주의 신앙입문의 전제를 위한 짧은 해설이라고 할

---

26 *In Apocalypsim conciones* (1557), HBBibl I, 327-356; *In Jeremiae prophetae sermones conciones* (1557-1561), HBBibl I, 357-362; *Festorum dierum sermones* (1558), HBBibl I, 369-375; *Conciones in Danielem* (1565), HBBibl I, 428-429; *Conciones in Iesaiam* (1567), HBBibl I, 558.

27 *Sermonum Decades quinque de potissimis Christianae religionis capitibus*, ed. Peter Opitz, 2 Bde (Zürich : Theologischer Verlag, 2008). Die wichtigsten Beiträge zu Bullingers Hauptwerk sind: Walter Hollweg, *Heinrich Bullingers Hausbuch. Eine Untersuchung über die Anfänge der reformierten Predigtliteratur* (Neukirchen: Neukirchener Verlag, 1956) and Peter Opitz, *Heinrich Bullinger als Theologe. Eine Studie zur Theologie der "Dekaden"* (Zürich: Theologischer Verlag, 2004).

28 Rudolph M. Britz, "Did Bullinger's *Husyboeck* Shape the Christian Society at the Cape of Good Hope during His Formative Years?", in *Heinrich Bullinger: Life - Thought - Influence,* 2:840-852.

수 있는, '청소년을 위한 신앙교육서'과 함께 시작되었다.29 하지만, 1525년 레오 유트에 의해 작성된 '벽보 신앙교육서'가 있었음에도 불구하고, 모든 사람들에게 분명한 언어로 기독교 신앙의 전체적인 중요체계를 제공하기 위해 적합한 신앙교육 내용은 빠져 있었다. 『벽보 신앙교육서』는 십계명, 주기도문, 마리아 송가 그리고 사도신경에 관한 원문을 고유하게 번역한 것이며 그리고 종교개혁 이전 시대에 유지된 성화들의 대체용으로써 각 가정의 벽에 걸려 있었다.30 전체적인 신앙내용을 교육하기 위한 필요에 근거하여 1533년에 취리히 교회 총회는 레오 유트에게 한 신앙교육서를 작성할 것을 위임했다. 그래서 1534년과 1538년 사이에 처음으로 소위 '대요리문답'이 출판되었으며, 그 다음에 여전히 취리히 총회의 요구 속에서 '소요리문답'이 쓰여졌다.31 유트의 신앙교육서들은 취리히에서 뿐만 아니라, 또한 대부분의 스위스 개혁주의 교회들 안에서 광범위하게 사용되었다. 불링거는 스스로 1550년대에 저술동기에 따라서 두 종류로 구별될 수 있는 네 권의 신앙교육적인 저술들을 작성했다: 첫 번째 종류에는 '헝가리 교회와 목사들에게 쓴 서신서'

---

29 *Quo pacto ingenui adolescentes formandi sint* (1523), Z II, 526-551.

30 Sang-Bong Park, *Heinrich Bullingers katechetische Werke*, Theologische Dissertation. Universität Zürich, 2011 (EPUB).

31 Leo Jud, *Catechismus*: *Christliche klare und einfalte Ynleytung in den Willenn unnd in die Gnad Gottes* ([Zürich : Froschauer, 1534, f. CX]); *Der kürtzer Catechismus: ein kurtze christenliche Underwysung der Jugend* (Zürich : Froschauer, 1538, f. LII). Biel, *Doorkeepers,* 185 und Gordon, *Clerical Discipline,* 157 haben das Publikationsdatum des Grossen und Kleinen Katechismus in umgekehrter chronologischer Reihenfolge aufgelistet.

와 '박해받고 있는 사람들에게 답변한 보고서'가 속해 있다. 이 신앙교육서들은 헝가리와 바이어른에 있는 고난 받고 있는 신앙인들을 위한 기독교 믿음의 요약적인 설명과 다른 경건한 교훈들을 담고 있다. 두 번째 종류에는 '기독교 신앙의 요해'와 '성인들을 위한 신앙교육서'가 속에 있는데, 이것들은 근원적으로 취리히 학교들을 위한 신앙교육서들로써 저술되었으며 그리고 개혁주의 신앙교육서들 아래서 고전으로 인정된다. 그리고 그 신앙교육서들은 하이델베르크 소요리문답을 통하여 점차적으로 밀려나게 되었다. 불링거 신앙교육서들 이후에 처음으로 취리히 교회의 수석목사 북하르트 레만(1531-1592/1613)의 사역 동안에 새로운 신앙교육서들이 작성되었는데, 그것들은 아주 오래 동안 사용되었다.

4. 예언회와 사회문제

예배와 요리문답서만이 짧은 시간 안에 취리히 시민들을 개혁한 것은 아니었다. 종교개혁은 주로 학교제도개혁을 통해서도 방대한 영향을 끼치려고 했다. 츠빙글리의 주된 관심사는 젊은이들이 수업을 통해 성경과 중요한 고전들을 원어로 읽게 하는 것이었다. 새로운 교회상황 때문에 잘 훈련된 설교자들에 대한 수요가 있었다. 츠빙글리는 그 수요를 예언회에서 채워지도록 하는데 성공했다. 그러나 츠빙글리가 새로운 학교 프로그램이나 새로운 학교규칙을 만든 것은 아니었다. 불링거 아래서 라틴어 학교의 수업의 향상, 학교장과 교수들을 위한 급료, 새로운 교육

기관에 대한 경제적 지원, 학생들을 위한 장학금 지원 준비가 있었다. 이 모든 것은 탁상공론으로서가 아니라 적지 않게 의미 있는 조치들로서 천천히 성취되었다. 여러 번 정부의 강한 반대에 대항해서 관철되어야만 했기에 단계마다 아주 조심스러웠다. 불링거는 취리히 학교제도를 확립하는데 있어 확실한 추진력이었다. 이것은 다만 1532년부터 1537년까지 학교 교장으로서만 그렇게 한 것은 아니다. - 불링거는 그로스뮌스터와 프라우뮌스터에 있었던 옛 라틴어학교와 개혁 초기에 목회자 양성학교로 렉토리움(Lectorium)이라고 불린 츠빙글리가 세운 '예언회'(Prophezei)도 맡았다. 이 뿐만 아니라 가장 영향력이 있는 학교 위원회의 회원으로서도 역할을 감당한 것이다. 불링거는 생애 마지막까지 교육 및 학교위원회에 참여했다. 학교 위원회란 학교제도 전체를 책임지는 감독기관이었는데, 시의원들, 교사들, 시의 목사들로 구성되었다. 교육개혁의 가장 중요한 단계들은 다음과 같이 열거될 수 있다. 1532년 불링거가 새로운 규칙을 초안한 라틴어학교의 재조직이 있었다. 이어서 1538년 불링거가 고집해서 세워진 기숙학교가 있었는데, 시골마을 출신, 가난한 가정 출신의 어린 학생들이 대부분 시정부가 비용을 지불하면서 머무를 수 있었다. 그리고 1545년 두 개의 라틴어학교가 4학년제에서 5학년제로 길어졌다. 3년 후 렉토리움의 새 학칙도 완성되었다. 이와 동시에 렉토리움은 라틴어 학교로부터 명확하게 분리되면서 더 높은 수준의 강의가 시작되었다. 1559년 불링거가 이전 학교 규칙들을 통합하고 새롭게 정비하면서 학교제도발전이 잠정적으로 마무리되었다.[32]

여기서 특별히 렉토리움의 변화가 눈에 띈다. 이 변화에 대한 외적인 증거들은 다음과 같다: 이미 구성된 네 개의 신학교수직 외에 하나의 철학교수직이 추가되었다. 강좌들(*lectiones publicae* 또는 *Letzgen*, 18세기말 까지 이렇게 부르곤 했다)은 이전에 아무나 오갈 수 있던 그로스뮌스터 교회의 찬양대석에서 시행되었는데, 그 건물의 독립된 공간으로 옮겼다. 그 외에 학생들을 위한 공적토론(Disputation), 시험 및 학생등록부(Matrikelbuch)의 실행, 국유화된 수도원 건물에 있는 참사도서관의 증축, 공적이거나 혹은 사적인 지원금 등이 새롭게 이루어졌다. 츠빙글리가 설립할 때의 목표였던 개신교 목사를 세우는 교육은 동일하게 유지되면서도 의미 있는 변화가 이루어진 것이다. 이전의 비공식적인 학업공동체가 지속적인 교육체계를 가진 엄격한 학문적인 훈련기관이 된 것이다.

유럽의 맥락에서 본다면, 이 새로운 대학의 상당한 명성은 제도적 무게보다는 그들 교수진의 명성 때문이었다.[33] 의미 있는 강사진들 중에서 언급될 수 있는 이들이 있다. 먼저 알자스

---

[32] Kurt Jakob Rüetschi, "Bullinger and the School," in *Architect of Reformation*, 215-229.

[33] Michael Baumann, Rainer Henrich, "Das Lektorium, sein Lehrkörper, seine Studenten," in *Schola Tigurina: Die Zürcher Hohe Schule und ihre Gelehrten um 1550*, ed. Institut für Schweizerische Reformationsgeschichte, 2. Aufl. (Zurich: Pano Verlag, 2000), 24-27; Carrie Euler, "Faculty Recruitment and Retention in the Early Modern Era. The Zürich Lectorium, c. 1560-1610," *Zwingliana* 40 (2013), 113-126; Bruce Gordon, "Remembering Jerome and Forgetting Zwingli. The Zürich Latin Bible of 1543 and the Establishment of Heinrich Bullinger's Church," *Zwingliana* 41 (2014), 1-33.

인으로 프란체스 수도사였던 콘라드 펠리칸(Konrad Pellikan, 1478-1556)이다.[34] 훌륭한 성경해석자요 기독교 히브리 언어학의 선구자인데, 특히 유대인 출신이 아닌 기독교인으로서 첫 번째 히브리어 문법학자로 간주된다. 일곱 권으로 된 그의 성경주석(*Commentaria Bibliorum*)은 종교개혁시대에 나온 유일한 신구약 전체에 대한 주석이다. 또한, 트루가우 출신의 테오도르 비블리안더(Theodor Bibliander, 1505-1564)를 생각할 수 있다.[35] 1531년 시의회는 츠빙글리가 맡았던 구약 교수직을 그에게 맡겼다. 그는 동양학자와 언어학자로서 유명해졌다. 무엇보다도 비블리안더는 코란의 첫번째 라틴어 비평판의 편집자였다. 그리고 1556년부터 취리히 학교(*Schola Tigurina*)에서 피터 마터 베르밀리(Peter Martyr Vermigli, 1499-1562)이 가르치고 연구했다. 그는 불링거와 칼빈과 더불어 개혁주의 개신교 기초를 세운 사람이다. 그는 아주 주목받는 구약강의를 했는데, 이것이 대서양 양편의 신학자들을 위한 교과서가 되었다.[36] 물론,

---

[34] Christoph Zürcher, *Konrad Pellikans Wirken in Zürich, 1526-1556* (Zürich: Theologischer Verlag, 1975); Hans Jakob Haag, "*Konrad Pellikan : Hebraist von europäischem Ansehen,*" in Schola Tigurina, 28-29

[35] *Theodor Bibliander (1505-1564): ein Thurgauer im gelehrten Zürich der Reformationszeit*, ed. Christine Christ-von Wedel (Zürich: Verlag Neue Zürcher Zeitung, 2005); Christian Moser, *Theodor Bibliander (1505-1564):annotierte Bibliographie der gedruckten Werke* (Zürich: Theologischer Verlag, 2009).

[36] *A Companion to Peter Martyr Vermigli*, ed.Torrance Kirby, Emidio Campi, Frank A. James III (Leiden-Boston: Brill, 2009); Michael Baumann, *Petrus Martyr Vermigli in Zürich (1556-1562) : dieser Kylchen in der heili-*

취리히 학교의 성공은 신학 안에서만 확인되는 것은 아니었다. 가장 좋은 의미에서 박식한 학자는 취리히 출신의 콘라드 게스너(Conrad Gessner, 1516-1565)를 빼놓을 수 없다.37 그는 물리학, 수학, 천문학, 철학, 윤리학을 강의했다. 그리고 그는 도시를 위한 한 사람의 의사로서 직무를 수행했고, 기념비적인 문헌총서(*Bibliotheca universalis*)를 완성했는데, 이것은 인쇄술의 발명이래로 모든 방대한 학문영역을 포괄하는 최초의 문헌이었다. 마찬가지로 매우 박식하다고 간주되는 구약학자이자 역사학자인 요시아스 시믈러(Josias Simler, 1530-1576)도 기억할 필요가 있다. 그는 『스위스 공화국』(*De republica Helvetiorum*)의 저자이기도 하다. 이 책은 유럽 군주제 주장자들의 비판을 반대하는 연방공화제에 대한 변증서인데, 스위스 역사의 표준서로서 수세기동안 유효했다. 취리히 학교(Schola Tigurina)는 1575년 위대한 지도자였던 불링거의 죽음까지 제네바 아카데미와 함께 개혁파 안에서 신학적으로 주도적인 역할을 담당했음에 논쟁의 여지가 없다.

정치기관과 교회기관들 사이의 협력과 긴장은 교육 분야만이 아니라 공공 복지 분야에서도 있었다. 1525년 이미 구제조례가 만들어졌었는데, 수도원과 성직록의 잉여 부분이 도시 구제사업소로 들어가서 사회적인 목적을 위해서 사용되도록 하는

---

gen gschrifft professor und laeser. Theologische Dissertation. Universität Zürich, 2010 (EPUB).

37 Urs B. Leu, *Conrad Gessner als Theologe: Ein Beitrag zur Zürcher Geistesgeschichte des 16. Jahrhunderts* (Bern: Lang, 1990); *Conrad Gessner's private library*, ed. Leu et al. (Leiden: Brill, 2008).

것이었다. 이 결정을 취리히 교회는 1570년대까지 기본적으로 유지했다.38 그런데 처음 교회 재산은 정부기관의 큰 욕망을 불러일으켜서 1530년대에는 전쟁차관을 지불하기 위해서, 이후에는 다양한 관리권과 통치권을 획득하기 위해서 그리고 시의원들의 급료를 위해서 사용되었다. 불링거는 시의회 앞에서 이러한 방식의 목적에 맞지 않는 돈의 사용을 반복해서 격렬하게 비판했다. 대략 1550년까지는 자선으로 사회적 문제를 겨우 해결할 수는 있었다. 그 후 가난이 더 심해지자 교회부서들과 정치부서들이 상대방에게 책임을 떠넘겼다. 여러 해 동안 논쟁이 계속되다가 1557년 구제조례를 수정하면서 임시적인 화해로 결말을 지었다. 이 새 조례는 현실을 정당하게 평가하는 시도였지만, 이어지는 해에 궁핍이 더 심해지자 자금은 별 도움이 안 되었다. 위기의 해였던 1571년 궁핍과 싸우기 위해 목사회가 제안한 일자리 제공 프로그램은 별 성과가 없었다.39

그럼에도 불구하고 취리히는 이탈리아, 프랑스, 독일, 영국, 헝가리, 폴란드에서 온 신앙의 피난민들에게 계속해서 개방적이었다. 그들을 아량 있게 받아들인 것이 오랫동안 종종 도시를 위해 좋은 영향을 줬다. 메리 튜더의 통치기간동안 취리히에 체류했던 "메리 피난민"을 생각하게 되는데, 그들은 나중에 에리자베스 1세 여왕 아래서 교계와 학계의 중요한 자리를 차지하

---

38 빈민구제에 대해서는 다음을 보라: *Zürcher Kirchenordnungen*, 1: No. 67,73, 85, 134,154,156, 168.

39 *Heinrich Bullinger. Schriften zum Tage,* 149-173, 185-197, 337-356, und die Einschärfung der Almosenordnung von 1525 in *Zürcher Kirchenordnungen* 1: No. 134.

게 되고 결정적으로는 그 땅에서 개혁파 신학의 확장을 위해 기여했다.⁴⁰ 아무튼, 낯선 땅에 와서 즐거워하는 자들과 그렇지 못한 자들은 종교적 이유로 고향으로부터 떠나야만 했던 이탈리아인들과 함께 취리히인들을 경험했다. 피터 마터 베르밀리가 새로운 고향 취리히를 그의 특별한 재능으로 계속해서 풍요롭게 하는 동안, 불링거와 도시에서 쫓겨난 카푸친의 주교총대리인 베르나르디노 오히노(Bernardino Ochino) 사이에는 다툼이 있었다. 가장 잘 알려진 것으로는 1555년 로카르노에서 쫓겨난 개혁파 신자들이 있다. 이들은 취리히에서 피난처를 찾았고, 나름대로 도시의 경제, 지식, 정치에 권위 있게 기여했다.⁴¹

5. 교파적인 관계들과 교파화에 대한 설명

1530년 아우크스부르크 제국회의에서 분명해진 바, 츠빙글리 종교개혁은 성만찬에 대한 질문에서 루터파 종교개혁과 다른 길에 들어섰고 정치적 고립의 위협에 놓였다. 루터파 제국의원들이 1531년 2월 슈말칼덴에서 하나의 방위동맹을 맺었고, 이

---

⁴⁰ Andries Raath and Shaun de Freitas, "From Heinrich Bullinger to Samuel Rutherford: the impact of Reformation Zürich on Seventeenth-century Scottish political theory," in *Heinrich Bullinger. Life, Thought, Influence*, 2: 853-879; Diarmaid MacCulloch, "Heinrich Bullinger and the English-speaking world,", ibid., 891-934; Torrance Kirby, "The Civil Magistrate and the *'cura religionis'*: Heinrich Bullinger's prophetical office and the English Reformation", in ibid., 935-950

⁴¹ Mark Taplin, *The Italian Reformers and the Zürich Church c. 1540-1620* (Aldershot: Ashgate, 2003).

동맹에 남독일의 몇몇 도시들이 참여했다. 동시에 스위스 연방의 개혁파 지역들이 츠빙글리의 죽음 뒤에는 제국정치에 거의 관심을 두지 않으면서 고립의 위험이 증대되면서 중대한 위기를 가져왔다. 스위스-남독일과 루터파 사이의 합의를 얻으려는 부써(Bucer)의 노력은 취리히에서 신뢰를 얻지 못했다. 파울 3세가 만투아(Mantua)로 공의회를 소집할 준비를 한다는 사실이 1535년 초에 알려지자 결정적인 변화가 왔다. 그것을 대비하면서 1529년부터 마르부르크(Marburg)에서 발전한 개신교 연합 계획이 새로운 추진력을 얻게 되었다. 1536년 1월 30일부터 2월 4일까지 바젤의 어거스틴 수도원에서 취리히, 베른, 바젤, 샤프하우젠(Schaffhausen), 상트갈렌(St. Gallen), 뮐하우젠(Mülhausen), 콘스탄츠, 비엘로부터 고위직 관리들과 리더격인 신학자들이 모였다. 하인리히 불링거, 시몬 야콥 그레니우스(Simon Jakob Grynaeus), 레오 유드(Leo Jud), 카스파르 메간더(Kaspar Megander), 오스왈드 미코니우스(Oswald Myconius)의 책임아래 마틴 부써와 볼프강 카피토의 협력으로 개혁파 지역의 첫 번째 공동 신앙고백서인 『스위스 제1신조』가 나왔다.[42] 27조항으로 작성된 이 고백서는 개신교 내의 교류를 위한 여지를 주었다. 츠빙글리의 후기 진술에 연결된 20항은 성례에 대해서 단순히 상징하는 것 이상의 효력을 말한다. 성만찬에 대한 22항은 신비의 만찬(coena mystica)이란 새로운 개념

---

[42] 독일어와 라틴어 본문은 다음을 참고하라: *Reformierte Bekenntnisschriften*, ed. Heiner Fauelenbach, Bd. 1/2 (Neukirchen-Vluyn: Neukirchener Verlag, 2006), 33-68.

을 포함하고 있다. 이와 함께 빵과 잔은 그리스도로부터 교회의 사역을 통해 그의 몸과 피의 참된 연합으로 주어지는 거룩한 표지임을 밝힌다.43 레오 유드가 완성한 라틴어 원안에서 되어진 독일어 번역은 츠빙글리적인 의미를 강조했는데, 1536년 3월 27일 모임에서 받아들여졌다. 개혁파 지역들은 1536년 5월 1일에 아라우에 모인 회합에서 루터파와의 일치를 위한 그들의 바램을 나타냈는데, 아이제나흐로(효과 있으면 비텐베르크로) 가서 일치를 위한 대화를 할 교섭자가 나오지 않자 스위스 제1신조를 협의의 기초로 제시하도록 부써와 카피토에게 위임했다. 일시적인 호의적 자세에도 불구하고(루터는 그 고백서를 받아들일 수 있다고 생각했다. 그러나 성만찬에 대해서 추가적 설명을 요구했다) 하나가 되려는 계획은 실패했다. 마침내 1536년 5월 부써는 소위 비텐베르크 일치서(Wittenberger Konkordie)라는 합의를 이끌어냈다. 성만찬을 먹는 중 요소 안에 있는 그리스도의 실제적인 임재를 받아들이고 '불신자들의 먹음'이라는 예민한 문제를 '부당한 자들의 먹음'이라는 작성을 통해 비껴감으로써 합의했다. 그러나 부써는 이 일치서에 대해서 단지 남독일의 동의만을 받았고 모든 스위스의 동의는 받지 못했다. 바젤은 마지막에 동의에 기운 듯이 보이지만 베른과 취리히는 10월 회의로 모였을 때 거절했다.44

---

43 *Idibem*, 65, 7; 11-14: „... quod panis et vinum ex institutione domini symbola sint, quibus ab ipso domino per ecclesiae ministerium vera corporis et sanguinis eius communicatio, non in periturum ventris cibum, sed in aeternae vitae alimoniam exhibeatur."

44 Martin Friedrich, "Heinrich Bullinger und die Wittenberger

루터와 대화하려는 시도가 계속됨에도 불구하고 비텐베르크와 취리히 사이의 간격은 더욱 깊어져만 갔다.[45] 불링거는 결정적인 것을 루터 탓으로 돌렸고, 둘 사이의 신학적인 공유는 반대편보다도 더 어렵게 요동쳤다.[46] 성만찬 문제에 대한 비텐베르크와 취리히 사이의 수년간의 논쟁은 더욱 더 비극적으로 나타났다. 루터는 1535년에 그의 갈라디아주석을 출판한 이후로 여러 곳에서 츠빙글리의 성만찬론을 공개적으로 심하게 공격했고, 불링거는 취리히 교회의 대표자로서 여러 번 그의 선임자를 변호해야만 했다. 그럼에도 그는 새로운 갈등을 만들지 않기 위해서 의식적으로 완화된 대답을 했다. 불링거가 이 완화전략을 끝까지 갖고 간 것은 아니다. 사크라멘타리어 (Sakramentarier, 성만찬과 관계해 개혁파를 조롱하는 말)에 대한 공격이 도가 지나치게 확인되고 있는 비난서인 『짧은 고백』[47]에서 최고점에 이르자 수석목사는 1545년 『참된 고백』[48]을 작성할 수밖에 없게 되었다. 그는 선한 양심으로 분파

Konkordie," *Zwingliana* 24(1997), 59-79; Michael W. Bruening, *Calvinism's first Battleground : Conflict and Reform in the Pays de Vaud, 1528-1559* (Dordrecht : Springer, 2005),72-91; Amy Burnett, "Basel and the Wittenberg Concord," *ARG* 96 (2005), 33-56.

[45] 1536년 11월 2일부터 12월 30일까지의 불링거의 서신교환은 다음을 보라: HBBW 6, Nr. 907-930.

[46] Peter Opitz, "Heinrich Bullinger und Martin Luther. Gemeinsamkeiten und Differenzen," *Evangelische Theologie* 64 (2004), 105-16.

[47] Martin Luther, *Kurzes Bekenntnis vom heiligen Sakrament* (1544), WA 54, 119-167.

[48] *Wahrhafte Bekanntnuß der diener der Kilchen zů Zürych* (Zürich: Froschauer, 1545). 다음을 보라. Willem F. Dankbaar, "Das Zürcher

라는 비난을 물리쳤다. 그는 성만찬에 있는 그리스도의 임재를 강조하면서 이렇게 명시적으로 고백했다.

> 그리스도의 몸과 피는 참으로 성만찬 중에 신자들에 의해서 먹이어지고 마시어지는데 제한적이다. 즉 그리스도의 임재가 영적으로 이해되어서 성만찬에 제한되어서는 안되며 그리스도는 입으로가 아니라 믿는 마음으로 받아들여진다.

『참된 고백』은 불링거가 죽음을 앞에 둔 독일의 종교개혁자와 마지막으로 접촉한 문서이다.

하지만 불링거가 칼빈과 그리고 그 후는 베자와 맺었던 관계는 루터와 맺었던 것 보다는 훨씬 더 만족스러운 것이었다. 이 관계는 오랫동안 중요한 가교역할을 했다. 불링거와 그의 후임은 그들과의 교류에서 자기들의 입장을 지켰지만 그들의 특별한 상황에서 고유의 길을 가는 것은 항상 제네바에게 달려 있었다.[49] 서로간의 존중과 발전하는 우호적 관계의 매우 분명한 상징으로 『취리히 합의서』가 오늘날까지 있다. 『취리히 합의서』는 취리히 목회자회와 칼빈 사이의 협정인데, 1548년 5월에

Bekenntnis (1545) und seine niederländische Übersetzung (1645)", in *Heinrich Bullinger 1504-1575*, 1: 85-108.

[49] Emidio Campi und Christian Moser, "«*Loved and feared*»: *Calvin and the Swiss Confederation*," in *John Calvin's Impact on Church and Society 1509–2009*, ed. Martin Ernst Hirzel and Martin Sallmann (Grand Rapids: Eerdmans, 2009), 14-34; Büsser, *Bullinger, Leben, Werk und Wirkung*, 2:115-140; Emidio Campi, "Theodore Beza and Heinrich Bullinger in Light of Their Correspondence," in Campi, *Shifting Patterns* (Göttingen: Vandenhoeck & Ruprecht, 2014),169-183.

7-10항을 살핀 후 오랜 협의 후에 완성되었다.[50] 제네바와 취리히 사이의 화해가 특히 7-10항을 관찰할 때 인상 깊게 확인된다. 기념의 성격을 강조하는 츠빙글리의 표현이 성실하게 나열되었다. 그런데 이것과 다정히 이별해야만 한다는 것을 알 수 있도록 칼빈과 불링거는 이 해석과 오랫동안 씨름했다. 왜냐하면 이 해석과 함께 중대한 것, 즉 구원의 은택이 밖에서 온다는 사실이 '믿음'에서 제외되기 때문이다. 이어지는 항목은 칼빈의 관점을 떠오르게 한다. 성례가 외적으로 증언하고 인치는 것은, 하나님이 친히 그의 성령을 통해 의심없이 우리에게 내적으로 참되게 주시는 것이다. 곧 하나님과의 화목, 성령을 통한 삶의 개혁, 그리고 의와 구원을 받는 것이다(8항). 성례 중 믿음 안에서 주어진 약속을 받는 자들은 영적인 방식 안에서 모든 그의 영적

---

[50] 원문은 다음을 보라: *CO* 7, 733-748. 현대 독일어 번역의 비평판은 다음을 보라: *Consensus Tigurinus. Heinrich Bullinger und Johannes Calvin über das Abendmahl*, ed. Emidio Campi and Ruedi Reich (Zürich: Theologischer Verlag, 2009), 124-142 and 227-237. 취리히 협의서에 대한 참고문헌은 너무 많다. 표준서로는 다음을 보라: Die Standardwerke Paul Rorem, *Calvin and Bullinger on the Lord's Supper* (Bramcote/Nottingham: Grove Books,1989) 그리고 Timothy George, "John Calvin and the Agreement of Zürich (1549), in *John Calvin and the Church: A Prism of Reform, ed.* George (Louisville: Westminster-John Knox Press, 1990), 42-58. 여기에 첨가가 필요하다. 새로운 연구들로는 다음을 보라: Wim Janse, "Calvin's Eucharistic Theology. Three Dogma-Historical Observations," in *Calvinus sacrarum literarum interpres*, ed. Herman J. Selderhuis (Göttingen: Vandenhoeck & Ruprecht, 2008), 37-69 그리고 Emidio Campi, " Consensus Tifurinus: Werden, Werung und Wirkung,", in *Consensus Tigurinus. Heinrich Bullinger und Johannes Calvin über das Abendmahl*, 9-41 (Engl. "The *Consensus Tigurinus*: Origins, Assessment, and Impact," in Campi, *Shifting Patterns of Reformed Tradition*, 83-121).

은사와 함께 그리스도를 받는데, 그들이 이미 참여하는 그리스도와의 교제를 계속하며 새롭게 한다(9항). 그래서 두 종교개혁가들에게 성례의 주 목적은 하나님께서 성례를 통해 효과있게 하시는 것에 있는데, 우리 구원의 모든 사역이 오직 그에게만 있어야 하는 방식으로 이해된다(13항). 이 표현에서 화해의 논리는 희미하게 들릴 수 있다. 이 항목에서 『취리히 합의서』의 모든 실타래가 풀린다. 만찬은 구원을 제공하는데, 성령을 통해서이며, 성령 안에서 그리스도는 그의 영적 은사와 함께 신자들에게 자신을 주신다. 성령으로 방향을 잡은 사고방식은, 동시에 인간의 대답하는 행위에 의미 있는 여지를 주는데, 공동체적이며 사회적이며 교회적으로 이해할 수 있는 방식으로 실현된다. 성례 안에서 구원의 은택에 대한 확신은 자주 부정확하게 주장되듯이 "개인의 믿음 위에서 성찰을 우회해서" 찾아져선 안되는 것이 논리에 맞으며,[51] 오히려 하나님의 영 때문이다. 당연히 비판적으로 주목해야 할 바, 제출된 문장들은 모호하며, 다양하게 (즉 후기 츠빙글리적으로, 불링거적으로, 칼빈적으로) 해석될 수 있다. 그럼에도 불구하고 그 목표했던 신학적 발전은 의심의 여지없이 분명하다고 할 수 있다. 합의의 의도가 분명한 이 항목들은 불링거와 칼빈이 선한 양심으로 책임질 수 있도록 했고, 교리와 생활, 성례와 윤리라는 끊어질 수 없는 관계 안에서 개혁파 개신교를 위한 인상을 남겼다.[52]

---

[51] 예를 든다면: Ernst Bizer, *Studien zur Geschichte des Abendmahlsstreits im 16. Jahrhundert* (Gütersloh: Bertelsmann, 1940), 273
[52] 취리히 협의서가 끼친 영향에 대해서는 본인의 다음 글을 보라:

공의회를 소집하려는 구체적인 징후가 1530년대 후반 두드러졌던 이후 구교뿐 아니라 연방 안에 있던 개신교도 공의회에 대한 질문을 갖고 토론에 나서야만 했다.53 개혁파 도시들이 바젤에서 스위스 제1신조의 작성을 위해 모였을 때, 이미 로마 가톨릭교회에 대한 관계에 대해 논의했다. 여기서 개신교의 공통적인 입장이 보인다. 특별히, 교회론과 관련하여 교황권과 공의회라는 주제에 핵심적인 의미를 드러냈다. 1545년 공의회가 트리엔트에서 드디어 모였을 때, 스위스 연방도 참석할 것을 요구받았다. 그러나 스위스 연방에서 참석자는 거의 없었는데, 왜냐하면 7개의 가톨릭 지역도 마지막 기간에야 처음 참석했기 때문이다. 결정권을 가진 불링거의 영향 아래서 네 개의 개혁파 도시, 즉 취리히, 베른, 바젤, 샤프하우젠은 참석을 분명하게 거절했다. 구체적으로 세 개의 평가서를 통해서 거절되었다. 이 평가서들은, 취리히 의회로 온 세 번의 회합기간에 초대한 공의회의 초대장 각각에 불링거가 대답하기 위한 것이었는데, 개혁파 연방 지역의 권위 있는 여론조성을 위해 작성한 것이다.54 그러나 여러 해 동안 요구했던 공의회를 거절하는 것에는

"Consensus Tigurinus: Werden, Wertung und Wirkung," in *Consensus Tigurinus. Heinrich Bullinger und Johannes Calvin über das Abendmahl*, 9-41, hier 34-41.

53 다음을 보라: Rudolf Pfister, "Zur Bullingers Beurteilung des Konzils von Trient," in *Heinrich Bullinger 1504-1575*,1: 123-140; Büsser, *Leben, Werk und Wirkung*, 2: 40-53; Emidio Campi, "The Council of Trent and the Magisterial Reformers," in *The Council of Trent: Reform and Controversy in Europe and Beyond (1545-1700)*, eds. Wim François and Violet Soen (Göttingen: Vandenhoeck & Ruprecht, 2016), xxx.

54 이 글들은 다음과 같다: *Antwort der Predigeren zu Zuerich uuf des*

하나의 좋은 근거가 필요했다. 서로 매우 비슷한 이 글들은 기본적으로는 공의회에 적대적이기보다 단순히 사실을 알려주기만을 원했던 것이다. 즉 교황의 지도 아래 있는 공의회는 옛 교회의 공의회의 전통과 상관이 없으며, 자유롭지도 않으며, 보편적이지 않으며, 기독교적이라 불릴 수 없다는 것이다. 공의회는 기존의 오류들을 강화하고, 또 시작된 개혁을 억압하기 위한 것 외에 다른 목적으로 소집되지 않았다는 것이다. 보편교회의 이름을 옳지 않게 사용하고 있으며 그에게 없는 권한을 감히 행사하고 있다는 것이다. 이와 관련하여 동시대 사람인 불링거는 트리엔트 공의회가 로마 가톨릭 교회 자체와 세계기독교회에 어떤 의미를 가지고 있는가에 대한 질문을 해야만 했다. 아무튼, 불링거는 놀랍게도 트리엔트 공의회의 과정에 대해서 잘 알고 있었다. 왜냐하면 그는 광범위한 의사소통망을 갖고 있었고, 무엇보다 피에르 파올로 베르게리오(Pier Paolo Vergerio, 1498-1565)를 통하여 공의회 의원들이 작정하거나 계획한 조치들에 대한 확실한 정보를 직접적으로 확보할 수 있었기 때문이다. 그리고 그것을 그의 친구들과 아군에게 전달했다.55

Papst Laden in das Concilium zu Trient (1546), (HBBibl 1, 733), in *Miscellanea Tigurina* 1/3 (Zürich 1722), 26-38); *Antwort der Kirchendienern zu Zürich auf des Papsts Laden in das Concilium zu Trient* (1551) (HBBibl 1, 229), in *CT* 7/3, 213-220; [*Ablehnung der dritten Einladung an das Konzil von Trient*] (1562), in *Heinrich Bullinger. Schriften zum Tage*, 209-228.

55 Emidio Campi, "Pier Paolo Vergerio und sein Briefwechsel mit Heinrich Bullinger," in: *Historische Horizonte. Vorträge der dritten Emder Tagung zur Geschichte des Protestantismus*, ed. Sigrid Lekebusch und

취리히 목사회의 이름으로 작성된 평가서들에 대한 더 깊은 문서적인 보충은 1551년 1월 28일에 불링거가 행한 강연, 그리고 무엇보다 신학자며 역사학자로 드러나는 그의 글 『공의회에 대하여』에서 나타난다.56 트리엔트를 거절하는 형식적이고 내용적인 근거 외에 자유롭고 보편적이며 기독교적인 공의회에 대해 소개하면서 임박한 그리스도의 재림에 대한 소망으로 그의 글을 결론짓는다. 그리스도가 참된 하나된 보편적인 공의회, 즉 마지막 심판의 공의회를 열 것이다.57 이 책은 곧 내외에 널리 퍼졌으며 청교도 지역인 영국에서도 가장 많이 읽힌 책에 열거된다.58 취리히 중앙도서관은 몇 개의 평가서, 입장서, 공의회문제에 대한 취리히 학자들의 글들을 보관하고 있다. 그것들은 1540년대와 1550년대에 어떤 의미가 이 논제에 부여되는지 증언한다.59 이 부분에서는 테오도르 비블리안더의 두 작품을

Hans-Georg Ulrichs (Wuppertal: Foedus) 2002, 19-37, bes. 23-27.

56 Heinrich Bullinger, *Concilium tridentinum [...]* (Zürich: [s.n.] 1751) (HBBibl I, 230); Bullinger, *De Conciliis [...]*(Zürich: Froschauer, 1561) (HBBibl I, 402-415).

57 Bullinger, *De Conciliis*, 180-180v. Für Bullingers apokalyptische Geschichtsauffassung siehe Christian Moser,"«Papam esse Antichristum». Grundzüge von Heinrich Bullingers Antichristkonzeption," *Zwingliana* 30 (2003), 65-101, and Moser, *Die Dignität des Ereignisses : Studien zu Heinrich Bullingers Reformationsgeschichtsschreibung*, 2 Bde (Leiden : Brill, 2012), 1: 25-32.

58 Polly Ha,"Puritan Conciliarism: Why Walter Travers Read Bullinger's *De Conciliis*," *SCJ* 42 (2011), 57-76.

59 Zürich Zentralbibliothek, Ms A70, A 84, A 127, A 128. 다음을 보라: Kurt Maeder, *Die Via Media in der Schweizerischen Reformation. Studien zum Problem der Kontinuität im Zeitalkter der Glaubenssplatung* (Zürich: Zwingli Verlag, 1970), 209-223.

언급하는 것으로 충분한다. 그도 역시 큰 흥미를 갖고 모임의 경과를 추적했다. 그리고 멜란히톤과 칼빈처럼 첫 번째 기간 후에 회의에서 행해진 일들에 설명을 덧붙여 출판했다.[60]

츠빙글리처럼 불링거도 재세례파와의 싸움에 참여했다.[61] 1535년 5월 (재세례파의 도시국가였던 베스트팔렌의 뮌스터 (Münster, Westfalen)에 있었던 재세례파 도시국가와 그 비극적인 종말의 분위기에서) 불링거는 총회의 위임을 받아 이단에 대한 조치에 관한 평가서를 작성했고 완고한 재세례파인들에 대한 사형선고 결정을 단호하게 변호했다.[62] 이 평가서는 주목할 만한 영향을 끼쳤다. 자유사상가들에 대한 압력이 강하게 높아졌다. 풍속법원의 회의는 재세례파가 남긴 문제들에 계속해서 집중했다. 정부의 억압과 교회의 정죄에도 불구하고 재세례파는 그뤼닝엔 지역, 배덴스빌, 우츠나흐의 백작령, 바덴과 취리히 사이의 경계지역에서 성공적으로 활동했다. 이 현상과 싸우기 위해서 목사들의 참여가 결정적이었지만, 그러나 모임 장소

---

[60] Theodor Bibliander, *Amplior consideratio decreti synodalis Tridentini* ([Basel : Oporinus], 1551); Bibliander, *Concilium sacrosanctum Domini nostri Jesu Christi* [...] (Basel: Oporinus,1552)

[61] 가장 중요한 연구들은 다음과 같다: Heinold Fast, *Heinrich Bullinger und die Täufer. Ein Beitrag zur Historiographie und Theologie im 16. Jahrhundert*, Weierhof (Pfalz) 1959; *Die Zürcher Täufer, 1525- 1700*, eds. Urs B. Leu und Christian Scheidegger (Zurich: TVZ, 2007), 85-116; Leu, "Die Zürcher Täufer zur Bullingerzeit," in *Heinrich Bullinger:Life - Thought - Influence*, 1: 252-269.

[62] 본문은 다음을 보라: Urs Leu, "A Memorandum of Bullinger and the Clergy regarding the Punishment of the Anabaptists (May 1535)," *MQR* 78 (2004), 109-32.

와 시간을 알아내려는 은밀한 조사들과 경찰의 수사들도 그 일부를 차지했다. 나아가 일련의 규정들 안에서 1530년경 실행된 주일과 금요일 예배에 와야만 하는 의무가 항상 반복하여 엄하게 가르쳐졌다. 표면적으로는 아니지만, 그것은 사실 우선 재세례파를 대항해서 만들어진 것인데, 그들이 교육과 설교로 더 나은 것을 배우도록 해야 했던 것이다.63 결국, 1574년, 1585년 그리고 1612년 개정된 규정 안에서 재세례파는 취리히 지역에서 활동이 금지되었다.64 1574년에는 이주가 아직 가능했지만 다시 돌아오는 것은 원천적으로 봉쇄되었다. 곧 이어서 이주하는 것 역시도 공식적으로 금지되었다. 1585년에는 개혁파 도시들인 취리히, 베른, 바젤, 샤프하우젠이 아라우(Aarau)에서 있었던 회의에서 재세례파와 함께 싸우기로 합의했다.

다른 종교개혁가들에는 드문 경우로 불링거는 무엇보다도 그의 방대하고 정말 고전적인 작품인 『재세례파의 기원』으로 재세례파의 역사적인 이해에 영향을 끼쳤다.65 여기에서 그는 그 운동의 형성과 역사를 묘사하고 아주 자세히 그들의 교리를 비판했다. 불링거는 그들을 초대교회의 이단인 도나투스파에 대응시키면서, 당연히 자신의 자리에는 유일하게 적법한 어거스틴을 놓았다. 정말 특이하게도 불링거는 콘라드 그레벨(Konrad Grebel)과 펠릭스 만츠(Felix Manz)가 뮌처로부

---

63 *Zürcher Kirchenordnungen*, 1: No. 47, 70, 82, 87, 87, 126, 139, 160, 171.

64 Ibidem, 1: No. 169 und 179.

65 Heinrich Bullinger, *Der Widertöufferen Ursprung* [...] (Zürich: Froschauer, 1560) (HBBibl I, 394-401).

터 재세례를 끌어냈다는 것을 보여주려고 했다. 다른 말들과 함께 이렇게 말한다:

> 취리히 재세례파 운동 형성의 결정적인 원인은 오버하인(Oberrhein)에서 뭔처가 머물렀던 것이다. 그래서 츠빙글리와 그에게서 출발한 종교개혁은 재세례파의 소란에 대한 책임에서 벗어나야 한다.

이 작품과 함께 더 정확히는 같은 해 출판된 요시아스 시믈러의 라틴어 번역에 따르면, 불링거가 만든 재세례파의 뒤틀린 이해는 거의 전 유럽 안의 개신교나 가톨릭지역에서 넓게 퍼지게 되었고 부분적으로 오늘날까지 수용된다. 수석목사의 편파적인 이론은 메노나이트 역사학자들의 특별한 강조와 좋은 근거들로 반박되었다.[66] 그런데 이것이 하나의 의식적인 오류였다고 결론될 수는 없다. 오히려 그 운동에 대한 불링거 개인의 부정적 평가로서 보여져야 한다. 이 부정적 평가가 작품 전체에 걸쳐있고, 종교적 열심이라는 구석으로 몰려드는 것으로 보이는 교회 정치적 상황에 영향 받고 있다.[67] 그것은 명백한 방식으로 비극적인 균열을 보여준다. 이 균열은 불링거 시대의 취리히 종교개혁운동을 관통했으며, 17세기 안으로까지 처참한 흔적을 남겼

---

[66] C. Arnold Snyder, "Swiss Anabaptism: The Beginnings", in *A Companion to Anabaptism and Spiritualism, 1521-1700*, ed. Roth, John D und James M. Stayer, (Leiden: Brill, 2007), 45-81, 여기서 45-48.

[67] Moser, *Die Dignität des Ereignisses: Studien zu Heinrich Bullingers Reformationsgeschichtsschreibung*, 2 Bde (Leiden: Brill, 2012), 252-265, 여기서 264.

다. 그래서 자료들은 1614년 9월 29일에 취리히에서 행해진 고령의 재세례파 지도자 한스 란디스(Hans Landis)의 사형집행에 대해 보고 한다. 이 뿐만 아니라, 1635년부터 죽을 때까지 감옥에서 괴롭힘을 당한 스무 명이 넘는 재세례파 남녀에 대해서 그리고 어린이 고문, 갈레선(노예선) 형벌, 추방, 강제몰수와 같은 끔찍한 일들에 대해서도 알려주고 있다.[68]

1566년의 『제2 스위스 신앙고백』는 신학사적 관점에서 보면 우선 취리히 종교개혁을 마무리하는 문서다.[69] 그 다음 넓게는 도시국가를 넘어 개혁파 개신교의 교리의 확립과 고백서의 작성에 기여했다는 의미를 갖는다. 이것은 원래 불링거에 의해 1561년 개인적인 신앙의 표명으로서 작성된 것인데, 몇 년 동안 그의 책상에서 잠들어 있다가 제국의 종교정치적 상황 때문에 공적인 시야에 들어갔다. 1565년 12월 18일 불링거는 이것을 개혁주의로 기울어져서 곤경을 당하던 팔츠의 프리드리히 3세에게 보냈다. 프리드리히 3세가 임박한 아우크스부르크 제국회의에서 잘 변호할 수 있도록 하기 위해서였다. 이 원문은 선제후가 속히 연방의 개혁교회 이름으로 인쇄되도록 하고 싶다는 찬사를 받았다. 놀랍게도 아주 신속히 개혁파 지역의 동의을 위한 협의가 있었다. 신앙고백서가 이미 1566년 3월에 라틴어와

---

[68] *Die Zürcher Täufer,* eds. Leu, Scheidegger, 164-245.

[69] 원제목은 다음과 같다: *Confessio et Expositio orthodoxae fidei et dogmatum catholicorum sincerae religionis Christianae [...],* 후에 바뀐 제목은 다음과 같다: *Confessio Helvetica Posterior.* 발생, 내용, 영향에 대해서는 다음 책에 있는 나의 서문과 비평판을 보라: *Reformierte Bekenntnisschriften,* ed. Andreas Mühling et al., vol 2/2 (Neukirchen-Vluyn: Neukirchener Verlag, 2009), 243-345.

독일어로 취리히에서 나왔고 바로 이어서 제네바에서 프랑스어로 나왔다. 그 무렵에 루터파의 영향 아래 있었던 바젤을 예외로 하고, 연맹의 모든 개혁파 교회가 이 신앙고백서를 받아들였다. 노이헤텔은 1568년에, 바젤은 1644년에 받아들였다. 이 신앙고백서는 또한 외국에서 많은 승인을 받았는데, 프랑스, 루마니아, 보헤미아, 슬로바스키, 네덜란드, 무엇보다도 헝가리와 폴란드에서, 또한 스코틀란드에서다. 1967년에는 미국의 UPC의 『신앙고백서 총서』에 자리를 잡았다. 스위스에서는 그 규범적 유효성이 18세기까지 이르렀다. 여기서 그 사용이 교회 영역에만 제한된 것은 아니다. 국가교회 체계의 형성에서 세속권력의 직무 안에 자리 잡았고 정치적 이해관계를 유익하게 했다. 19세기 자유주의의 흐름 안에서 의미를 상실했으나, 가장 중요한 개혁파 신앙고백서 중 하나로서 계속 유효하다.

방대한 분량을 가진 『제2 스위스 신앙고백』의 구성은 대략 사도신경을 따른다. 이 고백서는 공개적으로 선언된 목표 즉 취리히 종교개혁을 복음에 의무가 있는 개혁운동이라고 규정한 것을 따른다. 그것은 세계교회와 분리하는 것이 아닌 그 강화에 기여하려는 것이다. 여기서 내용으로 깊이 들어가는 것 없이 다음을 알려주는 것이 중요하다. 즉 불링거가 고백서 맨 앞에 "성경, 하나님의 참된 말씀"이라는 제목의 항목을 놓았다는 것이다. 여기서 거의 무장해제하는 단순함이 실행된다:

> 성경은 하나님의 말씀과 동일하며, 고유한 권위를 가지며, 유일한 지도규범 즉 믿음과 기독교 생활에 대한 모든 질문을

위해 충분한 권위로 유효하다.

이것과 관계해서 주목할 만한 진술이 있는데, "하나님의 말씀의 설교도 하나님의 말씀이다"는 것이다. 그런데 다만 성경에 맞는 설교가 성령에 조명된 신자들에게 역사한다는 조건 아래서만 그렇다. 모든 교회와 신학사상 위에 성경을 단순히 높이 놓는 것은 『제2 스위스 신앙고백』의 특별한 특징이며 『스위스 일치신조』(1675)로 최고점에 이르게 되는 초기정통주의의 경향을 보여준다. 마찬가지로 트리엔트의 가톨릭과 다른 사상들을 반대하여 거리를 두는 것들은 교파화(Konfessionalisierung)의 시작을 표명한 것이기도 하다. 이러한 사실들은 역사적으로 관찰해서 이해되어야 하고 또 신학적으로 바라보는 것이 필수적이지만, 그러나 재세례파에 대한 많은 거친 판단들은 납득하는데 신중함을 요구하고 있다. 『제2 스위스 신앙고백』의 내용은 초기 논쟁에서 사용된 개혁파 국가교회의 의미 안에서 마침내 교의화된 모든 논지들을 포함하고 있다. 이 신조는 하나의 신앙고백서 이상의 의미를 가진다.

6. 취리히 종교개혁의 영향

유럽적인 배경 속에서 취리히 교회는 경륜(오래된 역사)과 그것으로 파생된 권위와 관련하여 가장 오래된 개혁주의 유산이었다. 취리히 교회의 수석목사로서 불링거는 자신의 인품과 능력에 의하여 곧바로 취리히 교회와 개혁주의 스위스 연합의 확실한 교회지도자로 성장했으며, 또한 유럽의 광범위한 지역들에서 신학적이고 교회정치적인 권위자로도 성장했다. 어떤 사람이 종교개혁사와 관련하여 취리히 교회를 연구한다면 취리히 교회의 수석 목사의 영향력에 대해서 확인하지 않을 수 없다. 유럽의 공간 안에서 행사되었던 (취리히 교회의) 영향력에 대한 외형적 사실들과 관련하여, 분명히 1523년부터 1575년까지 취리히 두 종교개혁자들(쯔빙글리와 불링거) 그리고 취리히 학교(Schola Tigurina)의 교수들의 문헌적 유산은 매우 방대한 분량에 이르는 것으로 알려져 있다.[70] 즉, 취리히에서 56년 동안 쯔빙글리와 불링거의 시대에 최소한 1,189편, 대략 매년 21편 보다 더 많은 저술들이 출판되었다. 눈에 띄는 것은 신학(실례로, 대중적인 출판물들 옆에서 신학적인 논문들, 주석들, 교부들의 저술들)과 철학(실례로, 히브리어와 헬라어 문법)의 저술들이 많은 부분을 차지하고 있는데, 이것은 분명히 전체 출판물의 3분의 2보다 많은 분량을 나타냈다.

취리히 교회 안에서 문헌학 분야의 최고업적은 - 그리고 역시 책에 수록된 삽화의 최고의 업적은 한스 홀바인의 목판화로 장식된 1531년에 출판된 취리히 성경이었다. 의학과 자연과학 주제들(실례로, 콘라트 게스너의 저술들)과 음악 저술들의 출판물도 예상치 않게 높았다. 그것에 덧붙여 역사와 지리 논문들도 출판되었는데, 즉 요한 스툼프의 '스위스 연대기'(1547/8) 혹은 요시야 심러의 '알프스 해설'과 '스위스 공화국에 관하여'

---

[70] *Geschichte des Kantons Zürich*, 2: 254-260, und Urs B. Leu, "Die Zürcher Buch- und Lesekultur 1520 bis 1575," *Zwingliana* 31 (2004), 61-90.

떠올릴 수 있다. 이 책들의 많은 것들이 스위스와 유럽 전역의 사상계 안에서 큰 찬사를 받았다.

이 시대는 문헌학적으로 16세기의 창작력이 가장 활발했던 국면에 속했다. 특별히 불링거를 통하여 결정적으로 각인된 지성적인 분위기기 뿐만 아니라 출판업자 크리스토프 프로샤우어(1490-1564)의 기업가적인 전문성은 취리히 출판 역사 안에서 첫 번째 황금시대를 열었다. 전적으로 불링거 저술들의 보급은 당시 시대에서 놀라울 정도로 방대했다: 불링거의 저술들은 모두 124편으로 로마 카톨릭 교회, 재세례파 그리고 루터파 교회에 반대하는 논쟁서들, 성경주해서들, 설교집(이 설교집에 유명한 '50편 설교집'이 속해 있다), 목회-신학적인 그리고 역사적인 논문들 떠올릴 수 있는데, 그것들은 이미 불링거의 생애 동안에 몇 번이나 출판되었거나 다양한 언어들로 번역되었다. 하지만 매우 아쉽게도 불링거의 사후 25년 이내에 그 출판물은 거의 삼분의 일 수준으로 감소했다.

그리고 문헌적인 출판물의 강력한 확산뿐만 아니라, 또한 교회정치적인 영역에서 외교적인 노력들을 생각할 수 있다. 이 교회정치적인 사안들 역시 취리히 종교개혁의 광범위한 영향력을 잘 나타내 주고 있다. 새로운 연구는 1549년(『취리히 합의서』가 체결된 연도)부터 불링거의 사망 때까지 시기 동안에, 즉 취리히 종교개혁의 안정적인 정착과 교파적인 시대에 영국, 프랑스, 폴란드 그리고 리투아니아와 같은 신성로마제국에 속해 있는 다양한 지역들에 대한 불링거의 영향력을 매우 상세하게 증명해 주고 있다.[71] 취리히와 전통적으로 매우 중요한 동맹국이었던, 독일의 헤센 에서 불링거는 선제후 필립을 위한 신학자였으며, 이러한 자신의 지위와 함께 불링거는 개신교의 일치를 이루는 것을 희망했지만, 결과적으로 별다른 성과를 얻지 못했다. 어찌되었든 필립의 아들 빌헬름 4세 아래서 헤센-카셀은 개혁주의 신앙을 받아들였다.72 이와 관련하여 신성로마제국 안에서 취리히 교회의 매우 중요한 교두보는 쿠어팔츠였는데, 그러나 이 지역은 교회치리에 대한 문제와 관련하여 제네바와 경쟁 안에서 떨어져나갔다(참조. 하이델베르크에서 치리 논쟁).

영국에서 불링거의 교회정치적 경쟁력은 헨리 8세 때부터 엘리자베스 1세 통치 시기까지 뻗어 있다. 특별히 영국 교회 안에서 불링거의 중심적 위치는 1550-1년에 발생한 성복논쟁과 관련하여 확인할 수 있으며 그리고 불링거의 저술들과 다른 취리히 신학자들에 대한 장기적인 존중 안에서 확인되고 있다.73 프랑스와 동유럽에서 취리히 교회의 수석목사는, 스위스 개혁주의 도시들의 정치적인 무능력에도 불구하고, 고난 받고 있는 신앙공동체를 위해서 진력했는데, 즉 로마 카톨릭 교회의 신앙을 가진 국가들이 관용정책을 펼칠 수 있도록 노력했다.

---

71 Andreas Mühling, *Heinrich Bullingers europäische Kirchenpolitik* (Bern: Peter Lang, 2001); Mühling, "Heinrich Bullinger as Church Politician," in *Architect of Reformation*, 243-253.

72 Zusätzlich zu Mühlings Überblick (ibid., 74-96), siehe Albrecht Thiel, "Heinrich Bullinger und Hessen. Reformierte Politik und politische Reformation," in *Heinrich Bullinger Life -Thought - Influence.*

73 Mühling, *Heinrich Bullingers europäische Kirchenpolitik*, 149-185; MacCulloch, "Heinrich Bullinger and the English-speaking world"; Carrie Euler, *Couriers of the Gospel: England and Zürich, 1531-1558* (Zürich: Theologischer Verlag, 2006).

새로운 연구 안에서, 쿠어팔츠를 제외하고서, 취리히와 제네바 사이의 협력과 동반자적인 전략은 매번 확실시 되었다. 폴란드에서는 쿠어팔츠와 비교하여 하나의 뒤바뀐 상황이 발생했다: 원래 제네바는 초기 역할을 감당했지만, 1550년대부터 취리히 입장이 폴란드 교회정치에 대해 항상 강력한 영향력을 행사했다. 물론, 불링거 한 개인에 대한 집중은 취리히 교회정치의 근본적인 한계를 드러냈던 것이 사실이었다. 그리고 이러한 사실 때문에 "불링거의 죽음 이후에 유럽의 교회정치적인 도전들과 관련하여 취리히의 신학자들과 정치인들이 아닌, 오히려 제네바 신학자들과 정치인들이 깊이 있는 정치적인 설득력에 대한 답변들을 제시한 것으로 결과되었다."[74]

그리고 취리히 종교개혁의 가치는 지금까지 유럽 대륙 전역에서 개신교 연합이나 지식인들과 함께 한 취리히 신학자들의 인문주의적인 서신교류들을 매우 선명하게 드러내지 못했다. 이미 알려진 것처럼 편집된 쯔빙글리의 서신들은 1,293통이며, 루터와 칼빈은 대략 각각 4,200통인데, 취리히 종교개혁자의 맞은 편에 선 이 두 사람의 우위성은 (서신들의) 불안전한 전달과 짧은 생애기간으로부터도 설명될 수 있는 것이다. 그럼에도 쯔빙글리의 직간접적인 영향력이 확실히 있었다는 것은 부인할 수 없다.[75] 지금까지 콘라드 펠리칸, 레오 유트, 루돌프 그발터,

---

[74] Mühling, *Heinrich Bullingers europäische Kirchenpolitik*, 274 and 130.

[75] Das Kapitel "Fernwirkungen und Nachwirkungen" in Locher, *Die Zwinglische Reformation*, 621-680 ist ein historiographisches Masterwerk aber braucht Ergänzungen. Nützliche Beiträge sind in *Die Zürcher*

테오도르 비블리안더 혹은 페터 마르티어 베르밀리의 폭넓은 (그리고 거의 알려지지 않는) 서신교류의 극히 일부분만 편집되거나 분석되어서 제시되었다. 이와 관련된 연구는 여전히 제한적인 면이 있지만, 그러나 그 연구는 공정하게 확인된 추론에 근거하여, 취리히 신학자들의 영향력이 (유럽의 여러 지역들 안에서) 깊이 있고 지속적으로 유지되었다는 사실에 대한 근거를 이미 마련해주었다.[76] 무엇보다도, 불링거의 서신교환은 비교할 수 없을 정도로 방대하며 그리고 이미 잘 알려져 있다.[77]

불링거가 주고 받은 서신들은 대략 12,000통이나 되며, 그리고 그의 1,000 명이 넘는 서신대상자들의 이름들 속에서

Reformation: Ausstrahlungen und Rückwirkungen, eds. Alfred Schindler and Hans Stickelberger (Bern: Peter Lang, 2001) and *Heinrich Bullinger: Life - Thought Influence.*

[76] Christoph Zürcher, *Konrad Pellikans Wirken in Zürich 1526-1556* (Zürich: Theologischer Verlag), 280-304; Karl-Heinz Wyss, *Leo Jud, seine Entwicklung zum Reformator 1519-1523* (Bern: Peter Lang, 1976); Jost Eickmeyer, "«Assere degeneres puellas.» Zur Heroidendichtung Rudolf Gwalthers (1519–1586) als frühestem Zeugnis der Gattung in der Schweiz," in : *Literatur in ihren konkreten historischen Kontexten*. FS Wilhelm Kühlmann, ed. Ralf Bogner et al. (Berlin: De Gruyter, 2011), 93-109, hier 95; Christian Moser," in *Theodor Bibliander (1505-1564): ein Thurgauer*, 83-106; Moser, "[Vermigli's] Epistolary: Theological Themes," in *A Companion to Peter Martyr Vermigli, ed.* Torrance Kirby et al. (Leiden : Brill, 2009), 433-455; Emidio Campi, "John Calvin and Peter Martyr Vermigli: A Reassessment of Their Relationship," in *Shifting Patterns of Reformed Tradition*, 123-140, bes. 128-132.

[77] 불링거의 서신교환과 관련된 자료를 위해 참고하라: http://www.irg.uzh.ch/hbbw/daten_en.html. 불링거의 서신에 관한 기초적인 이해를 위해서 참조하라: Rainer Henrich, "Bullinger's Correspondence: An International News Network," in *Architect of Reformation*, 231-241.

주목되는 통찰은 불링거가 유럽 전역의 다양한 계층의 사람들과 생각을 공유하거나 조언을 주고 받았다는 사실을 분명하게 말해 준다는 점이다. 당연히 그 서신대상자들의 대다수는 목회자들이며, 그리고 모든 계층의 지도자들이 확인되고 있다: 영주들, 군주들, 다양한 대학교들의 학자들, 상업에 종사하고 있는 도시 귀족들, 외교관들, 군지휘관들, 위정자들, 교사들. 또한, 지역적으로 널리 펴져있는 여성들 역시도 서신대상자들에 속해 있었다. 불링거의 서신교류는 1527년부터 1575년까지 뻗어 있으며, 유럽을 뒤흔든 사건들 그리고 기근, 가난, 질병, 죽음, 전쟁 그리고 신앙의 위기, 망명과 관련된 사안들이 언급되어 있다는 것을 확인할 수 있다. 이러한 위기적인 상황들뿐만 아니라, 또한 일상의 문제들, 더욱이 혜성, 홍수 혹은 기형아 같은 이상한 자연적 징조들 역시도 서신교류 안에서 확인된다.[78] 뜻밖에도 여러 나라들에서 온 학생들의 서신들, 보고서들, 질문들과 도움의 요청들도 접할 수 있다.

이 뿐만 아니라, 수많은 종교개혁자들의 죽음과 현실화된 세대교체 이후에도, 불링거는 종교개혁의 균열(손상)에 대해 마지막까지 생존했던 증언자의 역할을 충실하게 감당했다. 교파적인 분열과정 속에서도, 지속된 다양한 임무들의 방대함 가운데서도 취리히 수석목사는 대외적으로 쯔빙글리로부터 각인된

---

[78] 취리히 종교개혁 시대의 기이한 자연 현상에 대한 관심은 다음의 회기적인 자료를 참조하라: Franz Mauelshagen, *Wundrkammer auf Papier. Die "Wickiana" zwischen Refromation und Volksglaube* (Epfendorf / Neckar : Bibliotheca Academica Verlag, 2011), 65-110.

종교개혁적인 유산을 모든 방면에 확대시키며 그리고 변화하는 상황에 적응시키는 일에 모든 노력을 경주했다. 무엇보다도, 불링거의 신학은 실제로 단조롭거나 모방된 것이 아니라, 오히려 더 정확하게 말하면 독자적인 성취로써 인정되어야 한다. 다음에 언급되는 네 가지 실례들이 이러한 사안들에 대한 설명을 보증해 줄 것이다: 이미 젊은 시절의 불링거는 성례론에 대한 이해를 발전시켰는데, 즉 그것은 처음부터 자신의 언약신학적인 연구방식에 근거하여 순수한 상징적인 견해를 제시한 것이었으며 그리고 상징과 사건의 강한 연결을 견지한 것이었다. 이러한 이해 속에서 불링거가 높이 평가된 것은 단순하게 이루어진 일이 아니었다. 개신교의 위협적인 상황은 아우구스부르그 잠정안이 도출되고 그리고 성만찬론의 원숙한 명백성을 위해서 칼빈과 집중적으로 생각을 공유한 이후에 불링거를 더욱 더 적극적으로 움직이도록 했다. (특별히,) 불링거와 칼빈 사이의 성만찬에 대한 신학적인 공유는 1549년에 『취리히 합의서』(*Consensus Tigurinus*)가 도출되도록 했으며, 또한 『제2 스위스 신앙고백』에서도 『취리히 합의서』의 성만찬 이해에 대한 전통적인 표현을 확인할 수 있도록 했다.

이와 동일하게, 불링거의 성만찬 이해는 하나님의 언약에 대한 성경-신학적인 개념과 관련되어 있는데, 불링거의 성만찬 이해는 쯔빙글리부터 수용된 것이며 그리고 제자의 의무가 아닌, 오히려 독립적인 연구를 통해서 도달한 것이었다. 이전에 불링거의 언약론은 하나님과 인간 사이의 '양자적인 합의'로써 인식되었으며, 그래서 불링거는 '다른 개혁주의 전통'의 선구자로 미화되었지만, 새로운 연구결과들이 밝혀주고 있는 것은, 이러한 불링거 사상의 신학적인 결과는 사실에 근거하지 않는 시각 아래서 변화된 '꾸며진 평가(합의)'이다. 분명히 불링거로부터 제시된 입장은 교회사적으로 지배적이었던 어거스틴-칼빈적인 언약신학을 고수하고 있다는 점이다.[79] 이러한 인식적인 언약신학으로부터 구속력 있는 정당한 연계성이 발생될 수 있다는 사실이 자연스럽게 이해되고 있다: 즉 이 사실은 불링거의 언약신학이 개혁주의 개신교 안에서 외형으로 인상 깊은 확장을 발생시켰으며(코케이우스) 또한 곧바로 국가법 사상에까지 영향을 주었다는 것에 대한 근거 역시 제공해 준다.

그리고 예정론과 관련하여 불링거는 모든 종교개혁들과 마찬가지로 이중예정의 토대 위에 서 있었다.[80] 그렇지만 불링

---

[79] So J. Wayne Baker, *Heinrich Bullinger and the Covenant: the Other Reformed Tradition* (Athens, Oh: Ohio University Press ,1980); Charles S. McCoy and J. Wayne Baker , *Fountainhead of Federalism: Heinrich Bullinger and the Covenant Tradition* (Lousville, Ky: Westminster/John Knox Press, 1991. Kritisch dazu: Lyle Birma, "Federal Theology in the Sixteenth Century," *Westminster Theological Journal* 45 (1983), 304-21; Richard Muller, *Christ and the Decree: Christology and Predestination in Reformed Theology from Calvin to Perkins* (Grand Rapids: Baker Book House, 1986), 40-47; Cornelis P. Venema, *Heinrich Bullinger and the Doctrine of Predestination. Author of the "Other Reformed Tradition"?* (Grand Rapids, Mich: Baker Academic , 2002), 27-33, Peter Opitz, Heinrich Bullinger als Theologe, 317-352 ; Willem van't Spjiker, "Bullinger als Bundestheologe," in Heinrich Bullinger: Life - Thought - Influence, 573-592; Aurelio A. Garcia, "Bullinger's De Testamento: The Amply Biblical Basis of Reformed Origins," in *Heinrich Bullinger: Life - Thought - Influence* , 671-92; Joe Mock, "Biblical and Theological Themes in Heinrich Buillinger's "De Testamento" (1534), in *Zwingliana* 40 (2013), 1-35.

[80] Richard A. Muller, *Christ and the Decree.*, 40-47; Venema, *Heinrich*

거는 모든 사변적인 특징과 결정론을 분명하게 거부했으며 그리고 핵심적으로 그리스도 안에서 하나님의 구속사적인 은택제공에 대한 보편성을 제시하고 있다. (불링거의) 예정론에 대한 강조는 그리스도 안에서 선택이며, 그리고 영원한 선택 혹은 유기와 관련하여 결정적인 것은 믿음을 통해서 결과되는 그리스도와의 연합이다.

끝으로, 한 가지 특별한 독립적인 신학적 전문성은 (종교개혁 당시) 칭의론의 문제와 관련하여 불링거의 논쟁방식을 나타내고 있다. 한편으로, 불링거는 근본적으로 종교개혁적인 이해를 견지하며 그리고 칭의의 발생 때 하나님의 유일한 역사와 인간의 수동성을 강조했다. 그리고 다른 한편으로 불링거는 동일하게 구속을 인간을 향한 하나님의 절대적인 사랑의 결과라고 설명했다. 이 두 가지 관점은 불링거에게서 구별되어 이해되고 있지만, 그럼에도 루터와 루터주의 전통 사이에 관계된 것보다는 더욱 집약적이라고 할 수 있다.[81] 물론, 이와 동시에 (불링거의) 성화에 대한 은혜의 특성이 제외된다면, 자칫 한 새로운 규칙이 열리게 되는데, 그것은 개혁주의 개신교가 항상 조심스

Bullinger and the Doctrine of Predestination; W. Peter Stephens, "Predestination or Election in Zwingli and Bullinger", in *Heinrich Bullinger: Life - Thought - Influence*, 313-334.

[81] Mark S. Borrows, "Christus intra nos vivens: The Peculiar Genius of Bullinger's Doctrine of Sanctification," *Zeitschrift für Kirchengeschichte* 98 (1987), 48-69; Opitz, *Heinrich Bullinger als Theologe*, 256-284; Christoph Strohm, "Frontstellungen, Entwicklung, Eigenart der Rechtfertigungslehre bei Bullinger," in *Heinrich Bullinger: Life - Thought - Influence*, 537-572.

럽게 다루어야 할 신학적인 주제이다.

하인리히 불링거는 평생 동안 목회적이고, 교회정치적이며 그리고 성경주석적인 영역에 관한 다양한 활동들 옆에서 집중적으로 역사적인 연구에도 깊은 관심을 가졌다. 당연히, 불링거는 역사에 지대한 관심을 가진 한 역사가였는데, 그는, 요한 스툼프의 방대한 『스위스 연대기』가 나올 수 있도록, 다른 사람의 역사서술을 지원했을 뿐만 아니라, 또한 스스로 인상 깊은 역사적인 저술을 남기기도 했다. 물론, 이 저술은 출판되지 못한 것들 중에 하나이기도 하다. 이러한 불링거의 역사에 대한 관심은, 『'근원적 오류에 관하여(1539)』[82], 『오래된 믿음(1539)』[83], 『공의회들에 관하여』[84], 혹은 출판되지 않은 『적그리스도 저술에 관하여(1554)』[85], 『로마의 감독』[86] 같은 교회-교리사를 위한 논문들 옆에서, 몇몇 영향력 있는 저술들인 『재세례파의 기원(1560)』[87], 『종교개혁사(1567)』[88], 『스위스 역사(1568)』[89] 그

---

[82] *HBBibl* 1, 12.

[83] *HBBibl* 1, 100.

[84] *HBBibl* 1, 402.

[85] Zürich Zentralbibliothek, Ms Car C I 160. Vgl. dazu Christian Moser, "«Papam esse Antichristum». Grundzüge von Heinrich Bullingers Antichristkonzeption," *Zwingliana* 30 (2003), 65-101.

[86] Zürich Zentralbibliothek, Ms Car I 161.

[87] *HBBibl* 1, 394. Vgl. dazu Urs Leu, "Heinrich Bullingers Widmungsexemplare seiner Schrift Der Widertoeufferen ursprung. . .von 1560. Ein Beitrag zur europäischen Wirkungsgeschichte des Zürcher Antistes," Zwingliana 28 (2001), 119-163.

[88] *Heinrich Bullingers Reformationsgeschichte. Nach dem Autographon*, eds.Hottinger, J[ohann] J[akob] and H[ans] H[einrich] Vögeli , 3 Bde (Frauenfeld, 1838-1840; repr. Zurich: Theologische Buchhandlung,

리고 『취리히 역사(1573-74)』[90] 같은 연대기에 관한 묘사들[91], 다양한 교회적인 전통들에 관한 수많은 개별 연구들과 보편역사적 방향성을 서술한 저술들을 포괄하고 있다.[92]

그럼 불링거의 방대한 저술들 안에서 분명한 역사이해가 어떻게 인식되고 있으며 그리고 그 역사이해는 교파적인 시대의 폭넓은 사료편찬적인 역사적인 문맥 안에서 어떻게 적용되고 있는가?[93] 크리스찬 모저는 불링거의 역사-신학적인 사고의 근원적 요소들을 신뢰감 있게 밝히고 있는데, 다음의 네 가지

1985).

[89] Historia Gemeiner loblicher Eydgnoschafft, in welcher uffs aller kürtzist verzeychnet sind die Zyten, Harkummen, Handel und krieg merteyls Landen und Stetten der Eydgnoschafft, insonders der allten Statt Zürych von irem anfang biß in das iar 1532 durch Henrychen Bullingern den ellteren MDLXVIII, in: Zürich Zentralbibliothek, Ms A 14 & 15.

[90] Von den Tigurineren und der Stadt Zürychs sachen, 2 Bde, in: Zürich Zentralbibliothek, Ms Car C 43 & 44. Die kritische Edition soll im Laufe des Jahres 2016 erscheinen.

[91] Vgl. beispielsweise Von der Reformation der Probsty oder Kylchen zou dem grossen Münster zou Zürych, in: Zürich Zentralbibliothek, Ms Car C 44, 787–941.

[92] Vgl. beispielsweise die 1544 abgefasste Weltchronik: Continua temporum annorumque series, una cum brevissima expositione historica potissimarum rerum, ab origine rerum ad annum usque domini Iesu 1519. Bullingers Autograph in: Zürich Zentralbibliothek, Ms D 200°, oder die Studie zur Chronologie der apostolischen Zeit: Series et digestio temporum et rerum descriptarum a beato Luca in Actis Apostolorum, authore Heinrycho Bullingero, Zürich 1548 (*HBBibl* 1, 176).

[93] Grundlegend dazu ist Aurelio A. Garcia Archilla, The Theology of History and Apologetic Historiography in Heinrich Bullinger. Truth in History (San Francisco: Mellen Research University Press 1992) und zuletzt die ebenso sorgfältige wie ertragreiche Abhandlung von Christian Moser, Die Dignität des Ereignisses:

점들로 요약해 주고 있다: 먼저, 역사는, 실제로 창조 직후로 하나님과 인류 사이에 체결되었고 그리고 마지막 때 그리스도의 구속과 그의 다시 오심 안에 있는 역사적인 정점을 가지고 있는, 언약과 구원의 역사로 이해된다. 다음으로, 성경적 예언은 역사의 흐름과 시대적 전개의 해설로써 특별히 교회역사에 기여한다. 그리고 역사는 계시적인 특징을 가지고 있는데, 당연히 성경을 넘어서 한 분명한 하위적인 특징 그리고 하나님의 사역과 의지에 대한 계시의 근원으로서 봉사한다. 마지막으로, 역사는 고유한 논쟁의 근거를 제시하며, 교파적인 논쟁들 안에서 잘못된 생각들의 폭로와 상대화도 제시한다.

불링거는 자신의 생애 말년에 개인적으로 많은 환란을 겪었다. 1564년 흑사병이 돌던 해인 9월에 취리히에 만연한 흑사병이 불링거에게도 엄습했으며, 그리고 그가 치료되었을 때, 흑사병은 그에게서 자신의 사랑하는 아내를 빼앗아갔다. 이 뿐만 아니라: 그 해 10월 30일에, 목사 라바터와 결혼했던, 불링거의 딸 마가레타 역시 흑사병으로 쓰러졌다. 그리고 그 후에 일 년 동안 사망한 사람들이 계속 이어졌다: 맨 처음 불링거의 양녀, 즉 쯔빙글리의 가장 큰 딸이며 그리고 그의 양아들 루돌프 그발터와 결혼했던, 레굴라 쯔빙글리가 죽었다. 그녀를 뒤이어서 차례로 외동 딸 엘리자베스, 그리고 젊은 훌드리히 쯔빙글리와 결혼했던 안나가 영원한 안식에 들어갔다. 이와 함께 불링거는 1564년과 1565년 시기 동안에 다음과 같은 친구들, 동역자들 그리고 동료들을 잃었다: 취리히에서는 출판업자인 프로샤우어, 교수들인 테오도르 비블리안더와 콘라트 게스너, 취리히

증경 시장이었던 막스 뢰이스트, 제네바에서는 요한 칼빈, 빈터투어에서는 암브로시우스 브랄러, 쿠어에서는 요한 파브리티우스, 노이언부르그에서는 빌헬름 파렐 등. 이 시기의 일기장과 서신들로부터 우리는 불링거가 스스로 마음에 간직하고 있었고, 평생 동안 가르쳤던 것을 경험할 수 있는데, 즉 하나님의 뜻 안에서 온전하고 실제적으로 평안을 누리는 것이었다.

불링거는 1575년 9월 17일에 동료들로부터 격식을 갖춘 이별인사를 받은 이후에 고통스러운 방광염과 신장염으로 사망했다.94 잘 계획된 임종의 흔적들을 확인할 수 있고 그리고 불링거의 신학자적인 실존의 요약으로써 유효하게 생각되는 '취리히 지도자들과 지배자들'에게 남긴 그의 많은 것들이 고려된 유언장 안에서 불링거는 장황한 표현 없이 취리히 정부를 향해 간언했다:

"... 잘 알려진 진리에 머물며 그리고 너희 스스로 오직 하나님의 말씀을 의지하며 ... 모든 사람들이 선하게 공의와 정의를 행하며; 가난한 사람들, 나그네들(외국 망명자들), 과부들 그리고 고아들을 돌보며 ... 양로원과 병원들 충성스럽게 운영하며 ... 또한 교사들, 학교들 ... 외국의 영주들과 군주들과 함께 한 동맹군들을 경계하며, 그리고 완고한 사람들에게 너희의 피를 팔지 말며; 안팎으로 안정과 평화를 위해 노력하라 ...."95

---

94 Vgl. Pestalozzi, *Heinrich Bullinger*, 491, 496–499 und zuletzt Pamela Biel, "Heinrich Bullinger's Death and Testament: A Well Planned Departure," *Sixteenth Century Journal* 22 (1991), 3–14.

95 Pestalozzi, *Heinrich Bullinger*, 618–622.

불링거 시대 이후에 취리히에서는 수석목사로서 루돌프 그발터 (1519-1586)와 북하르트 레만(1531-1613)가 사역했다. 이외에도 바젤, 스트라스부르그, 로잔 그리고 말부르그에서 다른 신학자 아래서 신학을 공부했던, 그발터는 뛰어난 설교자였을 뿐만 아니라, 또한 라틴어로 쓰여진 쯔빙글리의 저술들을 번역했으며, 교수들의 저술들과 영적인 찬송들, 설교들, 서사시들, 교과서 '작곡학' 그리고 더욱이 사무엘 상의 성경적인 주제로 저술한 현대 라틴어 희곡 '나발(Nabal)(1549)'를 출판했다; 게다가 그발터의 명성은 1546년에 '적그리스도'에 관한 다섯 편의 적그리스도적인 교황에 관한 설교를 출판한 것과 그의 시편 번역 (1558/1837년까지 재판되었음)을 통해서 얻어졌다.96 레만은 특출한 실천적인 신학자였는데, 그는 1574년에 대화식 청소년 신앙교육서를 출판했으며 그리고 교회음악을 금지시켰던 쯔빙글리의 많은 지지자들이 저항했음에도 불구하고 1598년 성령강림절에 취리히 교회 안에 교회찬송가를 다시 소개했다. 이 뿐만 아니라, 레만은 자연과학자로도 활동했었으며 그리고 요한 케플러의 열렬한 신봉자이기도 했다. 그럼에도 불구하고 레만은 그레고리식 달력의 사용을 거부했으며 그리고 취리히에서 그것의 도입을 막을 수 있었다. 덧붙이면, (이러한 레만의 의도는) 지역적인 골통품이 아닌, 전체 유럽의 개신교 입장을 반영하고자 한 것이다.97

---

96 Kurt Jakob Rüetschi, "Gwalther Rudolf," in *RGG* 3rd ed., vol. 3 (2000),1356-1357.

97 Peter Vogelsanger, *Zürich und sein Fraumünster. Eine elfhundert-*

그것에 이어서 적어도 16세기 후반 이래로 대략 18세기 초반까지 지속된 개혁파 정통주의의 발전단계에 들어섰다. 17세기 전반에 취리히에서 가장 영향력 있었던 교회인물은 의심의 여지 없이 요한 야콥 브라이팅어(1575-1645)였다. 브라이팅어는 1613년이래로 자신의 사망 때까지 취리히 교회의 수석목사로 활동했다.[98] 진지한 인내와 지치지 않는 열심이 그에게 오랜 동안 지속된 교회직무에 큰 도움이 되었다. 브라이팅어는 신학적으로 엄밀한 예정론 위에 서 있었다: 스위스의 개혁주의 교회 지역들의 중요한 대변자로서 브라이팅어는 도르트레흐트 총회(1618-19)에서 그들 자신의 방어를 위해서 불링거의 예정론을 활용했던 알미니안주의자들의 입장을 강하게 반대했다. 무엇보다도 목회적이며, 교회조직적이며 그리고 정치적인 근면함이 브라이팅어의 장점이었다. 청교도적인 엄숙주의에 근거하여 브라이팅어는 1624년에 취리히에서 극장의 모든 형식들을 금지시키는 것도 관철시켰다. 좀더 언급하면, 브라이팅어는 재세례파와 투쟁과 관련하여 강한 열심을 가졌는데, 물론 과거와 다른 전략으로 임했다: 즉, 더 이상 강압적으로 억압하는 정책이 아니라, 오히려 목적적인 논쟁들 또는 논쟁 글들을 통해서 재세례파

---

jährige Geschichte (853-1956) (Zürich: Verlag Neue Zürcher Zeitung, 1994), 316-17.

[98] Hans Rudolf von Grebel, *Antistes Johann Jakob Breitinger. Neujahrsblatt zum Besten des Waisenhauses in Zürich auf das Neujahr 1964, No. 127* (Zürich,:Kommissionsverlag Beer & Co., 1964); Thomas Brunnschweiler, *Johann Jakob Breitingers Bedencken von Comoedien oder Spilen : die Theaterfeindlichkeit im Alten Zürich : Edition, Kommentar, Monographie* (Bern: Lang, 1989).

들을 무력화시킨 시도를 사용한 것이다.[99] 교회적인 절기는 1619년에 성탄절, 부활절 그리고 성령강림절로 축소되었다; 그것과 관련하여 대체로 종종 감사절, 사순절 그리고 대순절 등만 개최되었다. 브라이팅어는 목사들의 기초교육과 연장교육을 위해 또한 목사들의 삶의 건전성을 위한 엄격한 관리감독을 위해 힘썼다. 30년 전쟁 동안에 그 수석목사는, 이미 매우 앞서 헌신했던 쯔빙글리처럼, 반종교개혁과 합스부르그 왕가의 위협을 방어하는 보루로써 개혁주의 교회의 연대를 위해서도 노력했다. 브라이팅어는 스웨덴 왕인 구스타브 아돌프의 대리인으로 깊은 관계를 유지했다: 그가 스웨덴과 동맹을 위해서 중립을 희생시키는 것을 서슴지 않았다고 알려져 있는 것은 의견이 분분하다. 아무튼, 발생할 수도 있는 관섭으로부터 취리히를 보호하기 위해서, 그는 군사제도의 현대화와 현대적인 방어시설의 설치를 위해서도 진력을 했다.

　　브라이팅어 아래서 취리히 국가교회의 본질적인 특성들이 완전한 형태에 도달했다. 도르트레흐트의 신조의 견고한 정통주의적인 신학과 이와 관련하여 최소한도로 조금씩 칼빈주의적인 신학을 존중했던, 취리히 국가교회가 자신의 교회론을 변화시키지 않고 유지시켰다는 것은 주목할 가치가 있다. 취리히 교회의 수석목사 브라이팅어에게 취리히 의회와 그로스뮌스터 종교재단은 1619년에 불링거의 신학사상을 변호해준 것과 도르트레흐트 총회의 성공을 위해 수고해준 것에 대한 감사로 다음과 같은

---

[99] *Die Zürcher Täufer 1525-170*, eds. Leu, Scheidegger, 204-228.

문장이 새겨져 있는 두 개의 은으로 만들어진 잔을 헌정했다:

> 정부와 연결되어 있는 설교단이 이중적인 힘을 가지고 있으며, 설교단과 협력하는 정부도 이중적인 힘을 가지고 있다.

이 문장은 확실하게 구 질서에 속하는 절대왕정[앙시앙 레짐] 동안에 이루어진 취리히에서 교회와 시민사회의 협력사역을 기억하도록 한다: 두 영역이 서로 혼합되는 것 없이 조화를 이룰 정도로 서로를 의지하였다는 것을 말해주고 있다. (*)